我的儿子
马友友

[美]马卢雅文 口述
[美]约翰·艾·拉洛 撰写
陈善伟 译

海天出版社
·深圳·

图书在版编目（CIP）数据

我的儿子马友友 /(美) 马卢雅文口述；(美) 约翰·
艾·拉洛撰写；陈善伟译. -- 深圳：海天出版社，
2022.12
大湾区专项出版计划
ISBN 978-7-5507-3395-4

Ⅰ.①我… Ⅱ.①马…②约…③陈… Ⅲ.①马友友
—事迹 Ⅳ.①K837.125.76

中国版本图书馆CIP数据核字(2022)第150929号

版权登记号　　图字：19-2022-071号
我的儿子马友友
© 香港中文大学 1996
本书简体中文版由香港中文大学出版社授权出版，本版
限在中国内地发行。

我的儿子马友友
WO DE ERZI MA YOUYOU

出 品 人	聂雄前
责任编辑	林凌珠
责任校对	万妮霞
责任技编	梁立新
封面设计	朱镜霖

出版发行	海天出版社
地　　址	深圳市彩田南路海天综合大厦（518033）
网　　址	www.htph.com.cn
订购电话	0755-83460239（邮购、团购）
设计制作	深圳市龙瀚文化传播有限公司 0755-33133493
印　　刷	中华商务联合印刷（广东）有限公司
开　　本	889mm×1194mm　1/32
印　　张	7.25
字　　数	120千字
版　　次	2022年12月第1版
印　　次	2022年12月第1次
定　　价	42.00元

海天版图书版权所有，侵权必究。
法律顾问：苑景会律师 502039234@qq.com
海天版图书凡有印装质量问题，我社负责调换。

献 给

纽约、巴黎、台北

儿童管弦乐团

创立人

马孝骏博士

嘉芙莲·尔·拉洛
为本书的编纂工作
提供非常珍贵的帮助
谨此致谢

译者序

陈善伟

德沃夏克的《b小调大提琴协奏曲》正从唱机中播出来。我常常就是在马友友柔润如歌的演奏中翻译由他的母亲马卢雅文女士口述、他父亲的莫逆之交拉洛博士撰写的 *My Son, Yo-Yo*（《我的儿子马友友》）。这种声文交融的享受，并非翻译其他作品可以得到的。马友友是当今享誉国际的大提琴大师，成就非凡，相信不少人都想知道这位音乐天才幼年的事迹，以及他成长的过程。现在由雅文女士娓娓道来，亲切而又传神，确是一本音乐界的朋友、关心儿女教育的父母、立志宏远的人士不可多得的读物。

《我的儿子马友友》全书共三十章，以年为纲，以事为辅；各章标题看上去似乎有点零碎，但其实有其连贯性，每章都有作者认为重要的一些信息要传递。

第一章《"神童"诞生》讲述马氏夫妇马孝骏和卢雅文如何在经济拮据的情况下，依然在一九五五年十月七日，在法国诞下了音乐界的"神童"马友友。第二章谈到一九五五年冬天是巴黎有史以来最寒冷的冬天，友友差点被冻死了；"严寒"（第二章）过后，马家搬到较为宽敞的新居。第三章以奶嘴和钢琴表演举例，说明友友"我行我素"的性格，母亲看到年纪小小的友友天生有一种追求完美的个性。第四章说到雅文从种种迹象发觉友友是位音乐"神童"，但一想到自己从事音乐，穷苦一生，未免对于让孩子走上自己走过的路有所犹疑，所以就先让友友接触小提琴，看看情形如何。第五章《大乐器》是说友友选择了学习大提琴。三岁的友友，学了几节课，就拉得美妙无比，"像颗闪亮的星星"（第六章）。镜头一转，雅文回想过去，今年七十三岁的她，一九二三年生于香港，在"战火的岁月"（第七章）中由香港到羊城，后赴重庆中央大学修读音乐。在那里，她看上了乐理教授马孝骏，这就是"雅文遇上孝骏"（第八章）的情况。其后二人在巴黎重逢，在一九四九年七月十七日共偕连理。四年后诞下女婴,取名马友乘。

第九章镜头再转回到幼年的友友,受到"一个古老的迷信"的影响,要拔去额前的一撮头发,由此点出友友爱母之心。雅文的姐姐由美国寄来的邮包中有一袋"占卜曲奇饼"(第十章),当中一块饼干碎了,带来了"尔将远游"的信息,相当灵验。孝骏举家远赴美国,因而种下了友友在美国举行第一场演奏会的契机。孝骏很喜欢美国,安排友友和友乘举行联合演奏会。听众中有位夫人,希望孝骏到她办的学校去教音乐,马家因此得到了"一张意想不到的合同"(第十一章)。离开法国之前,一位朋友介绍他们买下了"奥梅松"(第十二章)的一所房子。接着,马家去了美国,开始了"曼哈顿序曲"(第十三章),认识了扎比利斯基一家人。扎比利斯基跟孝骏学拉大提琴,有一次受到考验,要分辨音调,得到友友暗中提示,以"太高、太低"(第十四章)的准确答案获得孝骏的赞赏,其实都是有赖友友背后的帮忙。友友此际得到施奈德的引荐,认识了大提琴大师"帕布罗·卡萨尔斯"(第十五章)。在卡萨尔斯的推荐下,友友得以在伯恩斯坦担任主持人的电视节目《美国艺坛大展》上演出。他精彩的演奏令他"获邀到肯尼迪中心"(第十六章)与世界一流的音乐家一起演出。另一方面，孝骏在任教的学校认识了本书的撰写者拉洛博士，两人成为终生的莫逆之交，形成了一条"友谊的纽带"（第十七章）。由于友友"以闪电速度学习"（第十八章）大提琴，很快就由肖尔茨门下转入罗斯门下。友友拉琴的风格，多少受到母亲歌剧训练的影响，那柔润如歌的琴音，就像"大提琴有把声音"（第十九章）。渐渐地，友友"走向特级圈子"（第二十章），邀请他公开表演的信件如雪片般飞来。但父亲马孝骏却认为要限制友友的演奏预约，让友友多点时间去磨练自己，以达到歌曲意境与艺术演绎神合那种理想的境界。

在第二十一章至二十三章里，雅文谈了一些友友早年生活里难忘的事情。他像其他小孩子一样喜欢冒险，曾经在中央公园一块大石头后面玩火，酿成了"燃烧的草"（第二十一章）。夏天的时候，一家人到拉洛家里玩，友友跟拉洛的两个孩子玩得天翻地覆，是他生命里"难忘的一天"（第二十二章）。他喜欢到"Y"那里去游泳，却遇到了意想不到的事情，结果要"跟'Y'说再见"（第二十三章）。

第二十四章又回到友友的音乐生涯，谈到"关于乐评人和乐评"的种种问题。第二十五章触及的是一件琐事，友友因为看见"罗斯特罗波维奇大提琴的撑脚"是弯的,就将自己大提琴的撑脚也改成弯的,同学亦相继模仿。后来老师要他改回原来的样子,同学有没有跟随,书里没有交待。友友由于生活在法中美三种文化之中,以致产生了"文化危机"(第二十六章),生活上有错失之处。"反叛"(第二十七章)的性格导致他背着家人去饮酒作乐,终于在"一个星期五的下午"(第二十八章),饮多了酒,被送到医院去洗胃。雅文为了帮友友"顾全面子"(第二十九章),要丈夫仁慈地跟友友说理,最后友友以"去除劣习"回报父亲的爱心和体谅。最后一章谈到友友经过多位名师的指导,加上不断地艰苦练习,终于成为"显赫的'链环'"(第三十章)的一部分,跃为当代乐坛的超级巨星。

  以上的简介,希望对读者了解本书丰富的内容有一定的帮助。在此序言里,我先要向曾经支持我、帮助我的人表达谢意。这次有机会翻译《我的儿子马友友》,首先得感谢香港中文大学出版社前社长詹德隆先生及现任社长黄瑞良先生的大力支持。该社编辑部经理冯溢江先生、制作部经理马桂鸿先生及编辑部曾诵诗小姐极力帮忙,令翻译工作得以进行、完成,图书得以出版。初稿译成后,同事何元建博士校阅一遍，提出很多宝贵意见，实在非常感谢。刘殿爵教授、吴兆朋博士、方梓勋博士曾看过部分内容，提出意见，在此也一并感谢他们的帮忙。最后要多谢友友的母亲马卢雅文女士及英文原著的撰写者拉洛博士，他们鼎力相助，提供了很多宝贵的资料，令译文得以顺利完成。

（原载于繁体字版《我的儿子马友友》，
香港中文大学出版社，一九九六年）

心中的音乐

就是

生命之春

前 言

音乐界的超级巨星似乎都有相似之处。他们大多来自音乐世家或戏剧世家,自婴孩时期已经开始接触音乐,天才很早便显露出来,多数人年幼时就举行了第一场公开演奏会。从很早开始,他们大部分似乎都有个性和自我,加上能力过人,很快就使他们与众不同。他们有那个神秘的X因素,那种因素使他们能够令听众疯狂激动。

——哈罗德·舍恩伯格,《光辉一族》[①]

[①] Harold C. Schonberg. The Glorious Ones. Times Books. New York: Random House, 1985:12.(本书脚注除特别标注外,均为原注。)

马家和我们一家人相识，可以追溯到一九六五年的秋天。当时马孝骏博士和我都在曼哈顿的法文学校任职，他是音乐主任，我是候任行政主任。在那一段时期，他的两个孩子，友友和友乘，都是儿童弦乐团的主要琴手。我自己的两个儿子，克里斯托弗和约翰·彼得，都跟马博士学琴，也是该乐团的成员。

马博士一向认为音乐跟语言一样，最好在儿童年纪很小的时候就开始学习。"音乐，"他说，"改变儿童的生活方式，而在乐团拉琴会令孩子进步更快，因为一起弹奏音乐，会学好思想；他们不再只是弹奏音符，而是制造音乐。"

他在短短几年的时间里，先后在纽约、巴黎和中国台湾成立和指挥儿童管弦乐团，把他要孩子弹奏好音乐的梦想变为现实。

我们之间的友谊与日俱增，而乐团中的一个小小成员的声誉亦与时俱进：他就是马博士的儿子，友友。今天，友友享誉国际，而父母亲亦心满意足地看着自己美丽的梦想展现眼前。

几年前，我鼓励马太太写一些有关儿子生活的一鳞半爪，并把它公诸于世。"你是唯一能做这件事的人。"我

前　言

跟她说，"有谁比你更了解友友呢？"她一定要把友友的故事说出来。"趁那些细节你还清清楚楚记得的时候，现在就写嘛。"

雅文同意了，但她实在太谦虚了，做起来很勉强。

"你也了解友友，"她说，"为什么你自己不去写呢？"说到这里，此事暂时搁起来了。

两年后，不幸的事情发生了。马博士中风，一病不起，不能再说话，康复亦完全无望。我劝服了马太太，趁还有时间可以让她写些儿子的故事的时候，就不要再拖下去了。她丈夫不幸意外生病，也令她改变了主意。

一九九〇年九月十二日，我和内子到曼哈顿的马宅，听雅文分享她早期家庭生活的回忆。

当电梯停在五楼的时候，雅文已经在那里等着迎接我们了。"见到你们真开心。"她说，"请你们先进去，我替你们把住门。"

在这个简单而温暖的欢迎下，我们走进马家的公寓。

我们还没有坐下来，马太太就立刻带我们到她丈夫的床边。

"孝骏,"她轻声地说,"拉洛博士和夫人来了。他们来看你。"

他转过头来,以疲倦的眼光凝望着我,举起他的右臂,那是他身上唯一还可以有点控制的部分。我伸出手去拉他的手,紧紧地握住它。

"你气色不错,mon ami(我的朋友),"我说,"比上次见你好得多了。"

他眨眨眼睛表示感谢我的来访。一刻间,大家沉默无言,但在这无言之中,我们感到友谊的温馨。紧握着的手传达了我们尽在不言中的感情,身体自有一种自己的语言。

"我们可不要把他累坏了。"马太太一边把他头下的枕头放好,把毯子拉到他胸前,一边跟我们说。然后,她轻轻摸摸他的前额,又说了一句:"孝骏,我们过一会儿再回来。"

内子专心看书,马太太和我则坐在大客厅里的一个大窗旁边。楼下,街道上回响着平常嘈杂的声音:汽车刺耳的刹车声、救护车和警车警报器的尖叫声、鸣叫不停的汽车喇叭声——这一切,都是繁忙城市熙熙攘攘的噪声。

前言

马太太对这些杂音充耳不闻，整个人陷入沉思，回忆早年往事。说话时，把头稍微转向丈夫的睡房，房里的他躺在床上，不能移动。"他起码可以从窗口见到一部分的天空，晚上睡不着的时候，可以看看星星。大部分的时间，我把窗子关了；空气污染严重，公共汽车和小汽车喷出来的废气更不用说。"

再一次，她望向睡房，房里飘出一段段柔和的莫扎特或巴赫的音乐。她双眼含泪，悲从中来。

她换了个话题。

"拉洛博士，你想象不到我多么感激你们到访，写我说的故事。这许多年来，你了解我的孩子们，也看着他们长大……"

我们两家人虽然已经相识两代人了，但仍然以头衔和家姓的老规矩与拘谨的语言相称。

雅文开始讲她的故事，重点在友友的童年；她用简单的语言说了一个有关爱、奉献和牺牲的感人故事。

约翰·艾·拉洛
一九九四年八月于康涅狄格州

目 录

1. "神童"诞生　　　　　　　/ 001
2. 严寒　　　　　　　　　　/ 011
3. 我行我素　　　　　　　　/ 021
4. "神童"　　　　　　　　　/ 027
5. 大乐器　　　　　　　　　/ 031
6. 像颗闪亮的星星　　　　　/ 045
7. 战火的岁月　　　　　　　/ 052
8. 雅文遇上孝骏　　　　　　/ 057
9. 一个古老的迷信　　　　　/ 065
10. 占卜曲奇饼　　　　　　 / 068
11. 一张意想不到的合同　　 / 078
12. 奥梅松　　　　　　　　 / 082

13. 曼哈顿序曲　　　　　　　　／ 090

14. 太高、太低　　　　　　　　／ 094

15. 帕布罗·卡萨尔斯　　　　　／ 097

16. 获邀到肯尼迪中心　　　　　／ 100

17. 友谊的纽带　　　　　　　　／ 105

18. 以闪电速度学习　　　　　　／ 111

19. 大提琴有把声音　　　　　　／ 114

20. 走向特级圈子　　　　　　　／ 118

21. 燃烧的草　　　　　　　　　／ 121

22. 难忘的一天　　　　　　　　／ 127

23. 跟"Y"说再见　　　　　　　／ 132

24. 关于乐评人和乐评　　　　　／ 136

25. 罗斯特罗波维奇大提琴的撑脚　／ 141

26. 文化危机　　　　　　　　　／ 144

27. 反叛　　　　　　　　　　　／ 148

28. 一个星期五的下午　　　　　／ 151

29. 顾全面子　　　　　　　　　／ 154

30. 显赫的"链环"　　　　　　／ 159

目 录

跋 / 169
译后语 / 178

附录一　乐评人的话 / 192
附录二　马友友简介：从出生到哈佛 / 197
中外名词对照表 / 201

1. "神童"诞生

雅文一打开大门,婆婆(朱普中)就拖着脚步走进来。今天是八月的第二个星期四,她习惯在这一天来看她们。她走过雅文这个儿媳妇的面前时,没说一句话,只亲切地点点头打个招呼,然后径自走到钢琴前的藤椅边,一屁股坐下来,用手揉双脚。她的脚很痛,每次走路后都痛。小友乘迫不及待地跳到嫲嫲①膝上,抱紧了她。友乘很喜欢嫲嫲。如往常一样,嫲嫲开始装出一副严肃的面孔。

"我的小女孩乖不乖呀?"

---

① 粤语中称奶奶为嫲嫲。——编注

"乖，很乖，嬷嬷，我一直都很乖。你可以问问妈妈。"

"不用问了，孩子，嬷嬷相信你。"

婆婆把手伸入口袋，取出一个橘子来。

"看嬷嬷给你带什么来了？新鲜水果对你最有益。"

友乘吻了嬷嬷一下谢谢她，然后跑进厨房去享受嬷嬷替她剥了皮的橘子。

婆婆转身对雅文说："哎哟，我们的小女孩长得这么大了。"接着又说，"是该有第二个孩子的时候了。"

口气有点母权至上。

"其他夫妇隔年就又有个孩子，"婆婆继续说，"友乘出生到现在已经两年多了。"

雅文听了以后并不感到惊讶；婆婆以前也说过这些话，重复地不知说了多少遍，已成为一种习惯了。

雅文很了解婆婆想抱孙儿的心情：中国人的家庭，传统上都是儿孙满堂。雅文知道婆婆希望有个孙子继承香火。雅文望一望婆婆满布皱纹的脸，生了怜悯之心；但婆婆唠唠叨叨地说要第二个孩子，就令她烦扰不堪。这是婆媳之间唯一没有说出口的摩擦。老人家是出于一片好意，这点雅文完全明白。她知道婆婆深受古老传统的影响，也不完全了解两口子捉襟见肘的情况，所以添丁一事实在是

1. "神童"诞生

婆婆抱着友乘

愚不可及。丈夫马孝骏博士虽然勤奋工作，但微薄的收入不足以维持生计。法国眼下经济萧条，人浮于事，工作也只会留给法国人而非外国人。

婆婆默不作声地坐在椅子上。

"要杯茶吗？"雅文问，"这是你常喝的茉莉花茶。"

婆婆客气地接过茶，接着两人聊起天来，谈谈亲戚，说说中国的情况，时间就此过去了。

婆婆喝完茶，就叫友乘过来和她吻别。

雅文替婆婆开门时，老人家亲切慈爱地望望儿媳妇，叹口气说："是时候添个孩子了。"说完便消失在通往楼梯那条狭窄黑暗的走廊中。

婆婆并不是唯一鼓励她多生个孩子的人。那位一直免费教友乘钢琴的老师虽然了解她的经济状况，但也提出同样的想法，理由是在马家特殊的音乐背景之下，已培育出才华横溢的友乘，他们实在不应错过多生个天才儿童的机会。那位老师深信一定有解决的办法。

有一天，雅文去接下课的女儿，钢琴老师把她拉到一旁，对她说："你的女儿很有音乐才华，这点我肯定你也知道。我深信她是继承了你们夫妇俩的天分……这种天分就在她基因里。"

1. "神童"诞生

唔……不知道妈妈在织些什么

雅文尴尬不已，只好以笑解窘。她可以说些什么呢？假如天分是与生俱来的，那就算是上天恩赐的吧。她只不过是带她来到这个世界的人，不能因此归功于己。

"马太太，"钢琴老师继续说，"我多说一遍，你不打算多生个孩子实在可惜。"

这些话很中肯。她怀疑老师是否一直有跟婆婆谈论这件事。但这是不可能的，她们从来没有见过面。

"但我把孩子放在哪里呢？"雅文信口答道，她也不知道该说些什么。

"没地方放？"老师以妙语解窘，"你总可以在钢琴顶上找到地方放吧！"

两个人都不禁傻兮兮地笑起来。

但几天后当雅文向一位好友说起这件事时，她就笑不出来了。

"我认为这个主意坏透了。"她朋友说，"这个老师没权叫你这样做。你没钱没地方，怎么去多养个孩子？养大友乘你也就应该心满意足了。"

朋友见到雅文为这件事而弄得烦恼不已，想了想，也就加了一句话："起码暂时是这样……"

婆婆和老师没有给她一点安慰，她反而觉得朋友对她

1. "神童"诞生

的情况比较了解。雅文和丈夫谈起这件事,他清楚表明雅文不应该跟朋友讨论这些私事,因为和她们无关。接着他坦白承认自己一直想多要个孩子。他姐姐最近去世,家里添个丁可以在这哀悼期令母亲精神好一点。孝骏心意已决,对妻子说:"雅文,妈妈和老师都说得很对。我详细考虑过了,只有一个小孩对我们不太好……"这是由衷之言,他遵守由小到大就一直被灌输到脑子里的传统,渴望有个儿子为马家传宗接代。

雅文站在那里,一句话也说不出来。孝骏一如平常,一面沉思,一面在房里踱来踱去。突然,他在妻子面前停下来,双眼盯着她,连说两遍:"我们应付得来的,我们应付得来的。"

雅文心里明白,她从丈夫的眼神中知道他是志在必得,那多说也无谓了。孝骏笑得很开心,一对黑眼睛在厚厚的银边眼镜下眨个不停。

一九五五年十月七日,一个七磅半[①]的男婴在巴黎诞生了。父母为他取的英文名字是"欧内斯特",中文名是"友",意思是"朋友"。"马"是家姓,"马友"意思就是"友善的马"。

---

① 约3.4公斤。

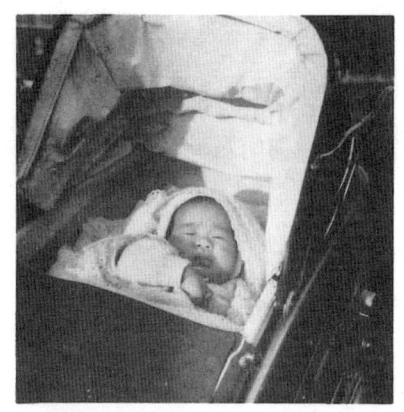
宁静的睡眠

妈妈的骄傲

但夫妇俩认为单一个"友"字听起来不太有音乐感,所以又多加了一个"友"字使名字更动听。"友友"很容易念。

雅文怀孕期间,一直忧心忡忡,不知道怎样去应付额外的开支、怎样在窄小的住所里腾出地方来、丈夫的薪金可以支撑多久。这些担忧一直缠绕心间;她感到无助,感到内疚:内疚自己没有对丈夫强硬反抗,内疚自己没有让丈夫了解他所陷入的困境。即使产前阵痛已开始了,她还深信不该在这个时候生孩子。不

1."神童"诞生

过,当她听到初生婴儿的第一声叫喊,她知道自己一直是愚不可及的;她其实也是下意识地压抑了多生个孩子的欲望。她发现自己所有的借口和所有的拒绝,只不过是用来掩饰自己真正的感受。她望着友友圆圆的脸儿,胖胖的面颊,喃喃自语地说:"雅文,雅文,你真是个幸福的女人!"

几天后,当她怀中抱着婴儿时,感到一片平静,这种感觉自从友乘在一九五一年七月二十八日出生后,四年来都没有再出现过。她叫丈夫来:"你看,你看!友友睁开了眼睛,在望着那灯光呢。"

孝骏一定觉得一个母亲天真的话语很好笑。他甚至猜想可能妻子心里也期望友友像友乘一样有音乐天分。

为了不扫雅文的兴,他应和说:"对呀。"然后,他俯身去看个清楚,惊讶地发现友友的双眼真的正全神贯注望着那灯光。

雅文是不是在欺骗自己?她是不是以自己的主观愿望去理解这双定住的眼睛?究竟这个双眼在望着光的小家伙会不会让他们实现梦想?

雅文吻一吻孩子柔软的面颊,问题在心里打转,泪水却涌出了眼帘。

我的儿子马友友

友友九个月大

2. 严寒

> 我的嬷嬷
> 是缠足的,是从小以来束缚的象征;
> 我喜欢戏弄她,把她的鞋子藏起来。
> 我怎么能够知道,怎么能够忘记
> 她那对小小的缠足所忍受的痛苦呢?
>
> ——友乘

友友出生的那一年,对于雅文夫妇俩来说,是忧心忡忡的一年。孝骏在巴黎大学音乐学院做研究生,所得的薪水不足以维持家计。租金方面,孝骏只能够用大学津贴,在一栋又残旧又没有电梯的大厦租个房间。更惨的是冬天比往年早来了。事实上，当年是巴黎人记忆中最冷的一年。

初起时，柔和的风把一切死赖在树枝上的叶子都吹走了。跟着，风怒吼起来，越吹越大，把树叶疯狂而又漫无方向地卷走了，然后落在地上，又再被卷走。冬天的白昼越来越短，阳光在寒风中渐渐消失。

雅文夫妇俩蜷缩在没有暖气、气温比冰点还要低的房间里，心里担忧着将来的生活。微薄的储蓄几乎已用光了，不过还是得找个暖和些的地方住。冷冰冰的房间绝对不适合婴儿。

马博士虽然工作过劳，精神疲倦，但为了多赚点钱，仍然收了很多学生。他终于赚够钱可以在酒店租个房间，给妻子和孩子住。

他以为在酒店里会暖一些。

他错了。

法国在第二次世界大战中失利，在一九五四年的奠边府战役中又败于越南，此时正千辛万苦地慢慢恢复过来，全国仍然实施经济紧缩政策。

酒店管理层因为受到压力，要减轻运营成本，晚上便关掉所有暖气，房间变得一片冰冷。

2. 严寒

在一个特别寒冷的晚上,雅文从睡梦中惊醒了。是睡的时候听到些声音还是忧虑过度而产生幻觉?她自己也弄不清楚。

雅文虽然睡的时候也穿上了上街的外套以加强保暖,但还是觉得全身冷冰冰的。她坐起来,突然在一瞬间,母亲的直觉使她觉得孩子可能不太对劲。她惶恐起来,静悄悄地走到儿子旁边,一摸之下,发觉他冰冷一片。她抱起儿子,用手臂摇他,默默地祈求自己的体温会传给弱小的孩子,给他温暖。

雅文将儿子紧抱在怀里的时候,千愁万忧涌上心头。她发觉自己孤立无援,面对着可能是难以避免的结局。在其他情况下她是勇气十足的,此刻却希望丈夫在身边帮她一把。他一定会知道有什么其他可行的办法。此刻,她却要独力支撑。

"哎呀……孩子千万不要有事!"她哭着说。

过了一会儿,祈求似乎得到了响应,友友双颊红润起来了。

希望取代了恐惧之夜。

如果他们回到那单房公寓,孩子肯定活不过今晚。这点她衷心感谢。

好在雅文深明生存之道。她自小生活在香港，很早就学会了自立。照顾孝骏和友乘已弄得她忙个不停，连婆婆也没法帮她一把。要帮忙，婆婆也应付不了到酒店那段短短的路程——她是中国古代陋习（缠足）的牺牲品，脚已变了形，每走一步都很辛苦。

很久以前，中国男人虚构故事，以防伴侣不忠。一出生，女婴的双脚就被紧紧地缠起来，发育受阻。结果女人痛苦难当，碎步而行，而以男性为中心的社会则对这种步姿赞不绝口。其实，这不过是男人找个借口，把女人关在家里。

马家四口总算挨过了冬天。天气转暖时，觉得好像是离开了炼狱而进入天国之门。一家人又共聚天伦，准备面对未来的一切。他们自漆黑的隧道找到出口，以后就有一天过一天了。

雅文和丈夫远赴巴黎圆其美梦，进修音乐，而两个孩子也在那里出生，但两口子都有份思乡情怀，渴望回到祖国。孝骏常常剖白心声，期望一旦环境许可，便立刻回国教书。

"这是很愚蠢的事情，这么快回去肯定是大错特错。"她对孝骏说。

接着她看到孝骏一脸的决心。她对这种隐晦的表情最为了解。

2. 严寒

"但如果你一定要坚持的话……"她想了一想又补了一句,想换个方法来谈这件事,"还有一点你一定要考虑一下。你忘了友乘吗?她有机会成为钢琴家,她学不了钢琴,会不会对她不公平?"一连好几个晚上,夫妇俩花了不少的时间争论应该怎样做。孝骏从来没有因为难下决定而担心过,但这个新的困局却令他难以应付。他为还没有成立的儿童管弦乐团成员写的成千上万的乐谱,都是特别因应每个成员的音乐天分而写的,看来这些乐谱都注定要继续堆在抽屉里,继续放在房间的暗角。他期望孩子按照自己的方法"制造音乐",令听众耳目一新。

雅文和友乘:"我敢梦想吗?"

所有这些梦想都得暂时搁置一旁，女儿的前途至为重要。他个人的抱负要迟些才可以实现了。

四岁的友乘继续学钢琴。

在阳光灿烂的日子，雅文像平常一样，带着两个孩子到卢森堡公园散步。友乘替妈妈推婴儿车，样子很开心。刚过双眼的刘海，和母亲缝制的绿衬衣，形成了强烈对比。友乘开心极了，连蹦带跳，像只南非小羚羊，散发一身的活力。下午漫步在这个美丽的地方的人们，都睁大眼睛注视她幼稚的滑稽动作，特别是当友乘在空中挥舞小棒，装作自己正在指挥一支幻想中的乐队时，连在附近索邦大学看书的学生也暂时搁下书本，向这位小指挥报以微笑。

同时，雅文也一直留心照料在残旧的手推车里睡得很甜的友友。她有种再现感，希望自己再次年轻，像女儿一样唱歌跳舞，多惬意。

在公园度过一个下午之后，雅文回到家里，发现丈夫也在家。通常他不会这么早就下班的。雅文替孩子换尿不湿时，他耐心地等。换完以后，他唤她过来。

"雅文，"他开始克制自己高涨的情绪，"有个同事通知我，有对夫妇已经搬出了我们这座大厦……"

2. 严寒

母亲和女儿:"指挥乐队。"

她不让他说下去,心里开始在想:为什么如今有钱也难找到一所公寓的时候会有人搬出去?丈夫早回家就是为了要告诉她这件事?那对夫妇是不是因为房东加租而被迫要搬走?

"这跟我们有什么关系?"雅文问丈夫,怕他们的租金也要加了。

"你就是不明白。你知道我在索邦大学念过书,我的音乐学博士学位是在巴黎大学拿的。"

雅文点点头,还是一头雾水。

"告诉你,我申请了那对夫妇搬出的大房子。今天是

我的儿子马友友

孟姜女四季变奏曲①

马孝骏博士献给友乘的乐曲

2. 严寒

孟姜女四季变奏曲②

我们走运的日子。"

对雅文来说，那就表示要多付租金了。

"我肯定大学会让我们住的。"孝骏达观地补了一句，"我想既然大学拥有这座大厦，我值得他们特别考虑。"

雅文双眼望着孝骏。他永远是个乐观的人，艺术家脾气，对不对？而艺术家总是不切实际的。

她提醒他说："现在的情况是入不敷出，够辛苦了。请你告诉我哪里去找多余的钱。"

雅文尽量控制自己的情绪，压低声音，不想孝骏因为要面对现实而感到沮丧。

孝骏把眼睛溜了一溜，透过厚厚的镜片看着雅文。

"你永远改变不了的，对不对？总是担心，总是不敢抓住机会。"

她知道丈夫已做了决定，肯定会执行的了。

他果然做到了。

过了不久，马家四口带着新的希望和不少的恐惧，由单房住所搬到很宽敞的新居。

新居有两个房间！

3. 我行我素

雅文本来打算以母乳来喂友友。她本能地知道母乳育婴对婴儿的情绪和心理都有好处。婴儿亲近母乳，有多点安全感。而且，传统上来说，大家都认为应该用母乳育婴。不是天生已预备好了吗？

不幸的是雅文不够母乳。她很担心。其实她不必担心，因为友友很快就适应了婴儿饮品，而且胃口大，一下子就饮完了。

后来，他吮的橡皮奶嘴因为在热水里浸得太久而变大了。但友友仍然喜欢大了的奶嘴，妈妈给他换了个小一点的新奶嘴他就不肯喝。

雅文见友友不肯喝，就生了种种的疑虑。婴儿是不是

我的儿子马友友

雅文、马孝骏博士和友乘(六岁)及友友(两岁)

公园散步

马家全家福

3. 我行我素

快乐的友友（两岁大）

有问题？他哭个不停，越哭越大声。也许是牛奶太热了吧。她总是小心翼翼地试好温度才给他喝。她尝试把奶嘴塞进友友的嘴里，可是一点用也没有。每一次友友都硬把它吐出来，弄得她束手无策。

"布列塔尼人，布列塔尼人。"雅文大声对他说，"你就像那些顽固的布列塔尼人。"友友听不懂这些毫无意义的话，还是因为肚子饿而哭个不停。

失望之余，最后还是用回那个又大又旧的奶嘴，居然行得通，友友开始使劲地喝奶了，她高兴不已。

这是雅文第一次领教到友友顽固的性格，当然也不会是最后一次。

友友从小就表现出我行我素的性格。他年轻时脾气很硬，好几次给自己添麻烦。

友友三岁时开始学钢琴，进步神速，在琴键上指法奇妙，令老师印象深刻，肯定他并非等闲之辈。

有一天，友友学完琴，父母去接他，老师想跟他们分享自己的看法。

"友友，要不要弹琴给爸爸妈妈听？我肯定他们喜欢听听你弹得怎么样。"

友友站在那里，双眼盯着老师，不敢看父亲。这个

3. 我行我素

孩子平常喜欢说话，但现在却一句话也不讲，只是站在那里。

老师再次劝他，他依然不为所动。

马博士并不习惯儿子这种行为，见他不肯遵从而感到生气。他困窘地转过身对儿子说："友友，老师叫你弹，我也在等着你弹呀。"口气里带点威胁。友友明知道不遵从爸爸，回家后会受处罚，但还是不肯。

老师见父子俩之间越来越紧张，便以温柔劝解的口气说："马博士，不要逼他了，不要逼他了，将来肯定有机会。"

雅文在心底里明白这是怎么一回事。她还记得奶嘴那件事。她现在了解儿子了：除非他准备好了，否则他不会弹给任何人听。一定要弹到自己满意，心里觉得完美，才会与别人分享自己的琴艺。友友这么小的年纪，已经是一位真正的演奏家。除非他可以对自己说"呀，我已经准备好了"，否则他是不会"表演"的。他生下来就有那种坚毅的意志，对自己所喜欢的东西追求完美。友友虽然生长于要完全服从长辈的家庭，但仍然懂得如何去维护自己，不顾后果，大胆反抗，坚持到底。

我的儿子马友友

母子俩在巴黎

4. "神童"

一般人认为"神童"的出现是无法解释的、违反自然的。但世代代以来,人们用带有期望转变的又矛盾又复杂的心情去迎接"神童"——恐惧和谨慎、神秘和神话、怀疑和鄙视、敬畏和惊讶。

——戴维·亨利·费德曼,《自然的策略》[1]

雅文对于从儿子身上所见到的种种迹象感到惊奇,也感到困惑。友友的行为,套不进一般人所想到的那种正常的儿童发展模式。她对其他所谓"神童"所知有限,但身

---

[1] David Henry Feldman, Lynn T. Goldsmith. Nature's Gambit. New York:Basic Books, Inc., 1986:4.

为母亲,心里知道友友的确是"与众不同"的。她也明白天下父母亲都一样,见到孩子有特别的技能,或行为远远超乎年龄时,都深信孩子是天赋异禀的。她知道友友天才横溢,但也明白只靠天才,不足以在音乐界出人头地。

著名乐评人哈罗德·舍恩伯格在其著作《光辉一族》中写道:"有些儿童生下来就以听力、记忆、即时反应、综合力、智慧、眼光这个次序发展……这些儿童就是那些将来成为伟大演奏家的人。"[1]

作为母亲,雅文明白一个有禀赋的孩子,一定是生下来就有舍恩伯格所说的素质;而从文化经历来说,亦知道需要有一定的环境让天才去发展。友友一生下来能力就比别人强,学得快,学得好。他记忆力惊人,吸收知识的能力令人难以置信,学过的都记得牢,令所有跟他接触过的人都佩服不已。上天做了件神奇的事,创造了一个了不起的人。但正如其他很有主见的儿童一样,友友需要引导和鼓励。

儿童得到赞许,就成长得很快:做得好而受到奖赏,是学习过程的一部分;但儿童也需要找到学习的真正乐

---

[1] Harold C. Schonberg. The Glorious Ones:13.

4."神童"

趣。无论做什么事,要是儿童觉得烦闷,就会抗拒。友友不喜欢做些跟他性格相悖的事情。"神童"也不例外的。

自呱呱坠地以来,友友就生活在音乐的世界中。在唱片里,或者在父亲、姐姐的弹奏中,友友听过数以百计的古典音乐选段,巴赫、莫扎特早已植入心田。

友友的母亲以前是位歌剧演唱家,友友也继承了她对歌曲的热爱,唱起歌来总是音调准确、咬字清楚,从来不会走调。

雅文心里好奇,两岁的儿子怎么会懂得音调高低的问题,所以就去问他。友友以小孩子直截了当的方式回答说:"妈妈,我也不懂,我反正知道就是了。"

友友并未察觉到自己这种独特禀赋,不过他的母亲觉得儿子在音乐方面的天才值得重视。雅文将自己的看法跟丈夫说,他也同意。

命运把一个天才横溢的孩子交给他们照顾,他们有责任不让天才白白浪费。友友的天才令父母亲惊叹不已,找一个正确的途径去引导他那种才华、那种潜质,使他在音乐界取得伟大的成就,是一项重大的挑战。但一想到自己穷苦一生,在竞争激烈的音乐界里奋力求存,还敢让孩子走上自己曾经走过的路吗?

"还是看看将来怎么样，发展如何。"雅文建议说，"我们让音乐成为友友教育的一部分，但不会尝试用任何方法去左右他成为职业音乐家。"

雅文觉得如果激发了小孩子的兴趣，他就会自己做下去，无论是在学校念书、玩玩具，还是做其他任何事情都是一样的。

"你不是要友友拉琴吗？"雅文对丈夫说，"好呀，那就培养一点他的兴趣，看情形怎么样。"

马博士听完了妻子的道理，仍然不以为然。他老是说要经过三代人，才会出一个好的音乐家。第一代人留下钱，第二代人用钱去接受最好的教育，第三代人遗传因子结合得好的话，就可以达到所定的目标。

对马孝骏来说，这个理论绝对正确：他爸爸是个有钱的地主，给了他所需要的金钱去接受优良的教育，而友友是第三代人。

但要儿子去实现他的梦想是不是公平呢？

5. 大乐器

雅文洗完了晚饭的碗碟,正在用海绵洗擦餐桌。丈夫从又厚又凹的银框眼镜后面盯着她。

"你说得对,孩子很有天才。"他以平静的口气开腔。跟着,他毫不转弯抹角,直截了当地宣布:"我要他成为一个音乐家。"

雅文虽然希望丈夫这番突然的表白永远不会出现,但出现了,她也没有感到惊讶。她很了解丈夫,从过去的点点滴滴,她猜得到他整天想做的事情迟早一定会去做,什么都改变不了。不过,她还是想再试一试。

"你看看,"雅文说,"看看我们日子过得多苦。我们两个人都学音乐,我问问你,得到了什么?连生活都没有保障。"

他毫无表情。

她试图以父亲的骄傲去打动丈夫,又补了一句:"你要孩子像我们一样受苦吗?"

反问也没有达到目的。

暂时,日子在平静中度过。

马家一家人尝过单房公寓逼仄的环境后,现在能够享受舒适的双房公寓,实在很幸运。母亲跟孩子们睡在一个房间,另一个小一点的睡房是给孝骏用的工作间。很奇怪,他竟然可以把钢琴、一大堆儿童弦乐器和一张帆布床通通塞进房间里。他细心替孩子们编排的珍贵手稿和乐谱大都塞到一个旧衣柜里,还有些堆放在钢琴盖上。每个角落都高高地堆满了他的手稿。房间虽然小,但马博士觉得舒服;这是他家里的私人办公室。

在之后的日子里,雅文忙于处理家务。不过,丈夫的决定使她左右为难。丈夫坚持要孩子学音乐到底对不对?另一方面,她也忘不了友乘在巴黎大学举行第一次音乐会以后,友友跟姐姐的一段谈话。那是一个七岁半的演奏者在问她的小弟弟:"我的表演你喜欢吗?我拉得好不好?"

友友看着姐姐,一双圆溜溜的黑眼睛明亮得很。"姐

5. 大乐器

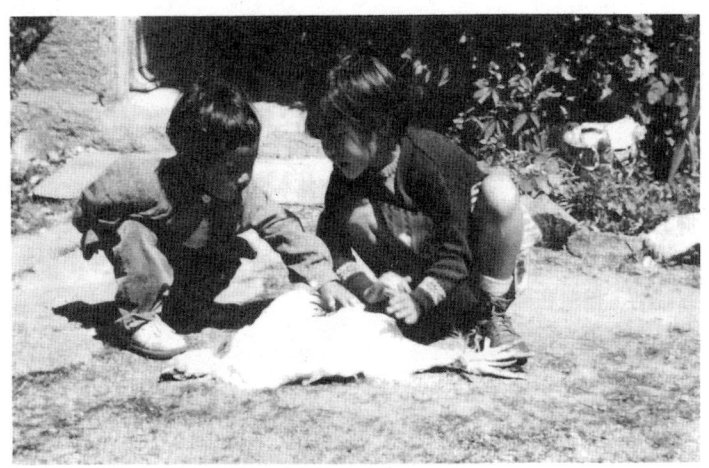

母亲的小助手在拔鸡毛（友乘七岁，友友差不多三岁）

友乘为友友庆祝生日

我的儿子马友友

姐弟俩

姐,我的好姐姐,你拉得好极了……"他犹豫了一下,小心地说,"你很了不起。不过……不过有点走音……"

雅文很欣赏友友为了尊重姐姐的感受,委婉地提出批评的做法。他才不过三岁大!

友乘满心好奇地接受了友友的意见,但追问下去:"我走音很多吗?"友友以法语很快地答道:"Une petite virgule.(不过是一个音撇。)"

奇怪的是友友对那个音乐选段,一个音符也不熟悉!

从此以后,每一次友乘举行演奏会,友友就充当她的"宣传人员"。

在音乐厅的大堂里,友友数来听音乐会的人数,兴奋地向姐姐报告,为姐姐演出成功感到开心。

友友满身活力,时常会说些话、做些事情使别人开心。也难怪,他的名字就是"朋友"的意思。

虽然友友处处表现出音乐家的才华,但雅文总找得到各种各样的借口,不让儿子以音乐为职业。每一次孝骏劝她"想想吧,想想假如我们连试也不试,对孩子是否不公平",她就会说"够了够了,我是替他着想才这样做的"。

她的心跳跟丈夫的心跳不一样,但心里充满内疚。

雅文认为友友学弹钢琴就够了,不过既然友乘已开始学第二种乐器小提琴了，为什么不让友友也有同样的机会呢？况且，他爸爸也可以教他，就用现在友乘已经不合用的儿童小提琴和她用过的乐谱，就好像弟弟妹妹穿哥哥姐姐穿过的衣服一样。

可是爸爸看得出，友友虽然拉得很好，但他对小提琴显然没有真正的兴趣。

马博士感到困惑。强迫孩子学音乐有违自己的教学原则——就是喜欢音乐才学音乐。当小友友对他说"我不喜欢小提琴的声音，我要件大乐器"的时候，问题解决了。

为了鼓励自己天才横溢的儿子，马博士对友友说："不管怎样，我替你弄一个回来。"但他提醒友友，"你得注意，你拉了大乐器以后，就不能再拉小提琴了。不要在一个月以后告诉我，你改变了主意。"

友友对父亲说话的坚定口气非常了解，知道他是很认真的。

"我一定会拉大乐器的。"友友充满决心地说，"一定不会改变主意的。"

马博士很有耐心地把大提琴的撑脚拴在中提琴上，临时造了一件"大乐器"出来。这总算满足了一个三岁大的小孩子了吧。这是马博士的想法。友友却更清楚自己要什

5. 大乐器

么,这在他和爸爸去听音乐学院音乐会的时候就证明了。

友友坐在音乐厅里,完全沉醉于他所听到的音乐,也特别留意他所见到的东西。他从座位上站起来,指着台上一件很大的低音提琴,对父亲说:"我要的就是这个。"

"这个你不能要;太大了,你拿也拿不住。"

友友不理会这个。他完全知道他要什么,也下定了决心要得到它。

马博士见儿子恳切要求,也想儿子开心开心,特别是友友表现出那么大的自发性和决心,他也倾向于同意儿子的想法。不过,他还是担心友友可能改变主意,友友到底还是个小孩子。

他决定拖延几个月,期望友友忘记这件事。但友友坚定不移,整天提醒他说:"我什么时候可以得到那件'大乐器'?"

马博士一方面经不起友友的苦苦哀求,另一方面对儿子光明的前途也充满信心,所以就去走访了当时巴黎很有名的一位小提琴制造家维特洛特先生,询问他的意见。

"给他吧。我很了解友友,他拿不到'大乐器'的话,会闹个不停的。还有,"他补充了一句,"我有预感,将来一定会有好结果。"

两人最后决定给友友一个大提琴。

雅文当然一直被蒙在鼓里，直至她丈夫把维特洛特先生借给他的十六分之一大的大提琴带回家，才知道是怎么一回事。她再也忍不住了。她没什么可讲，也没什么可做。她想，如果丈夫要这样做，那也好，让他自己去承受后果。

友友当然非常开心，开心得跳起来。一个十六分之一大的大提琴，在一个三岁小孩子的眼里是很大很大的。

过了很久很久，友友才对母亲讲真话，说出他要一件"大乐器"的真正原因，是不想跟友乘竞争，他认为友乘拉小提琴比他好很多。

孝骏不想浪费时间，马上开始教儿子拉大提琴。

虽然工作令孝骏疲倦不堪，他仍然每天坐下来，耐心地教友友，要求儿子像他一样，有纪律地练习，因为纪律与成长是分不开的。

孝骏是靠自己努力而踏上成功之路的。他是音乐学教授、小提琴家、独树一帜的作曲家，又精通中法文化，当然不容许别人在学习方面杂乱无章。他一开始就为儿子的智能发展定下某些明确的原则。他强调学习要有组织、要精神集中、要记住内容、要不断练习，而最重要的是要有纪律。练习的时候错了，还可以接受，但最终演出的时

5. 大乐器

友友坚持要拉"大乐器"

候，绝对不能出错。他认为"成功得来不易；一定要定下明确的目标，一定要用各种各样的方法去达到目标"。

训练友友记谱一直是音乐学习里很重要的部分。但记忆并不是无意义的事情，它可以使音乐家从乐谱里解放出来。

马博士把自己研究出来的教儿童学习音乐的方法运用在儿子身上，他同时也记得"制造音乐"要给人一种愉快的体验。他教儿子的时候，以身作则，实践自己定下的教学原则。

友友拥有惊人而神奇的专注力，这是音乐训练里不可少的。不过，只靠训练在音乐界制造不出一个"神童"。除了训练以外，帮助友友成功的是他永远满足不了的好奇心，他好学，好有成就——他这种好奇心是与生俱来，去不掉的。

友友很怕他爸爸，爸爸相信信仰是知识的泉源。雅文感觉得到儿子是敢怒不敢言，不敢公然反抗，所以时常调解，叫友友不要"憎恨"爸爸。她会跟友友解释说："那不过是他应付小孩子的方法。"

当马博士出门的时候，友友趁爸爸不在家，吃晚饭时就坐在他的椅子上，郑重其事地说："我现在是爸爸了。"

5. 大乐器

孩子那个时候本性流露，很轻松，笑个不停，所有仪式和礼节都不理。

马博士继续教友友大提琴。现在，他能教的都教了，是时候给儿子找个更有名望的老师继续学下去了。他对友乘也一样，曾经带她去比利时，跟受人景仰的阿瑟·古米艾斯学习小提琴。他这次也找了一位出名的大提琴家——米歇尔·勒潘特女士来教友友。

马博士带友友去找勒潘特女士之前，曾用巴赫的练习曲给孩子上课，花了不少时间改编乐曲，耐心地听儿子练习。

勒潘特女士知道这件事以后，对他所选的音乐家并不赞同。"马博士，你为什么选巴赫的曲子给友友拉？巴赫对这样小的孩子来说太难了。"

马博士没有回答，勒潘特也认为最好还是不要再讨论下去。

孝骏心里毫无疑问，友友只要头一天学习两小节，很容易就可以学完整首乐曲。第二天，学会四个小节，第三天，学会六个小节，如此类推。

当他认为友友准备好了的时候，就叫他拉整首巴赫的作品，给勒潘特女士一个惊喜。友友的表演简直使她眼花缭乱。她教琴这么多年，从来没有听过这么好的演奏。演奏的人是友友，但她知道这是他爸爸教学方法的成功。

友友还不到六岁，就以同一首巴赫作品和保罗·巴泽莱一首作品的选段作首次演出。音乐会还没有开始，友友告诉爸爸说，他会拉"整首乐曲"，就是说乐曲的八个部分。他爸爸提醒他说，节目表上只是列出他会演奏第一、二段乐曲而已。但友友就是不肯改变主意。

"你不能这样做，"他爸爸对他说，"如果你拉整首组曲，时间要比节目表上所列的长很多。那听众会就说：'他的父母是什么样的父母，让孩子这样辛苦去学习？'他们不会从好的方面看我们，只会认为我们很残忍。"

友友立刻就体会到爸爸的担忧，当然不会做些令他痛苦或者是难堪的事情。他反应很快，没花几秒钟就有了办法。

"Bien（好极了），"他说，"我想到一个办法。"跟着，他就把他的策略说出来。

"我拉完第一段乐曲的时候，"他说，"你便鼓掌，那观众就会跟着鼓掌。然后我拉第二段。拉完的时候，你再鼓掌。每一次我拉完了一段以后，你就鼓掌，直到我把八段乐曲拉完为止。每一次你鼓掌，观众就会跟着鼓掌。这样，人家就不能怪你说让我拉完整首乐曲了，因为我是应他们鼓掌的要求而拉的。"

在这次演奏会上，友友拉琴拉了差不多一小时。演奏完毕的时候，观众疯狂地鼓掌，大声叫好。

"你想象一下，"雅文回忆说，"这就是友友的思维——简直快如闪电。"跟着，她笑一笑，加了一句，"他固执的性情，也永远改不了。"

马博士完全明白，"神童"是不能创造的。你可以引导他们，塑造他们，使他们完善——但天才是与生俱来的。有些天才要人家发掘，有些天才就好像一位诗人所形容的，"生下来就脸红，看也看不到"。友友一点一滴的进步，都是因为接受了有纪律的训练。他打从心底里热爱音乐，努力争取到超乎他的年龄和超乎他所接受的教导的成就。他练习的时候非常尽力，而当"练习"受到赞赏的时候，他就好像其他小孩子受到鼓励时一样开心。

雅文仍然不相信丈夫为友友所选择的路是对的。但马博士对于自己的信念，从来没有动摇过，认为自己正在培养一位成长中的音乐大师。他认为自己有责任尽力引导儿子去达到自己为他所定的目标。他知道一个真正早熟、智商又高的孩子，应该在不受常规要求的环境下长大；他知道音乐训练应该在孩子年纪还小,还听教的时候就要开始。他也知道自己所负的责任不轻。友友所走的路一定会迂回曲折,不过走完以后,他会跟大部分的同辈相距千里。马博士为儿子选择了一条孤独的路,不过他相信友友最后会爬到一个令人羡慕的顶点,冲入星群里去。

其实,雅文和丈夫的背景对于完成这项任务,资格方面肯定是绰绰有余。

而这一点正是成功的关键。

友友和友乘一起奏乐

6. 像颗闪亮的星星

雅文虽然极力反对友友以音乐作为未来职业,但对于他现在学习音乐也感到满意。她觉得音乐不但丰富了儿童的生活,也丰富了成人的生活。音乐就好像诗词书画一样,会对灵性有所提升。

有一天,她听见友友在音乐室里拉琴,美妙的琴声令她很惊讶。她不动声色,在没有人察觉的情况下溜进房里,视线立刻就落在友友瘦瘦长长的手指上。她实在不敢相信它们可以从乐器里取出这么动听的音乐来。她目光动也不动地停在友友双手的位置:他已经懂得如何准确地组织乐句了。琴弓正在把生命灌输到音乐里。

那种组句法萦绕于她的心中,令她久久不能释怀;它很像演唱会上歌唱家表演唱腔。很难令人相信，友友只上了几堂课，水平便已经这么高，对一个刚刚过了三岁的小孩子来说，这是一个不简单的成就。

那天晚上，雅文好辛苦才等到丈夫回来。她再也按捺不住了。丈夫还来不及脱下大衣，她就冲口而出："我有件心事要跟你说。我知道你会说些什么，但我得承认你是对的。"雅文的眼睛闪着光芒，接着说，"我们的儿子应该从事音乐。今天我听到他拉琴，我完全被他征服了：他有一把能唱歌的琴弓。"

"我真高兴听到你说了一些我很久以前就已经知道的事。"他停了一下，满心欢喜地知道两个人对于儿子未来职业的异议，终于可以消除了。

"我知道，你迟早会赞同我的想法。"他半真半假地说。证明了自己意见正确，他兴高采烈。"对，友友拉得好，像颗闪亮的星星。"他不得不承认。

友友拉琴已经有了很好的素质：持弓的手法、灵活的指法和充分掌握的技巧。他记忆力惊人，毫无困难就记牢了所学过的和要记住的乐谱。他集中精神的能力很强，拉琴的时候，整个人都沉醉在音乐里。

雅文留意到，友友练琴的时候，如果她走进房里，他

6. 像颗闪亮的星星

完全沉醉于音乐中

我的儿子马友友

让琴弦唱出他内心的感受

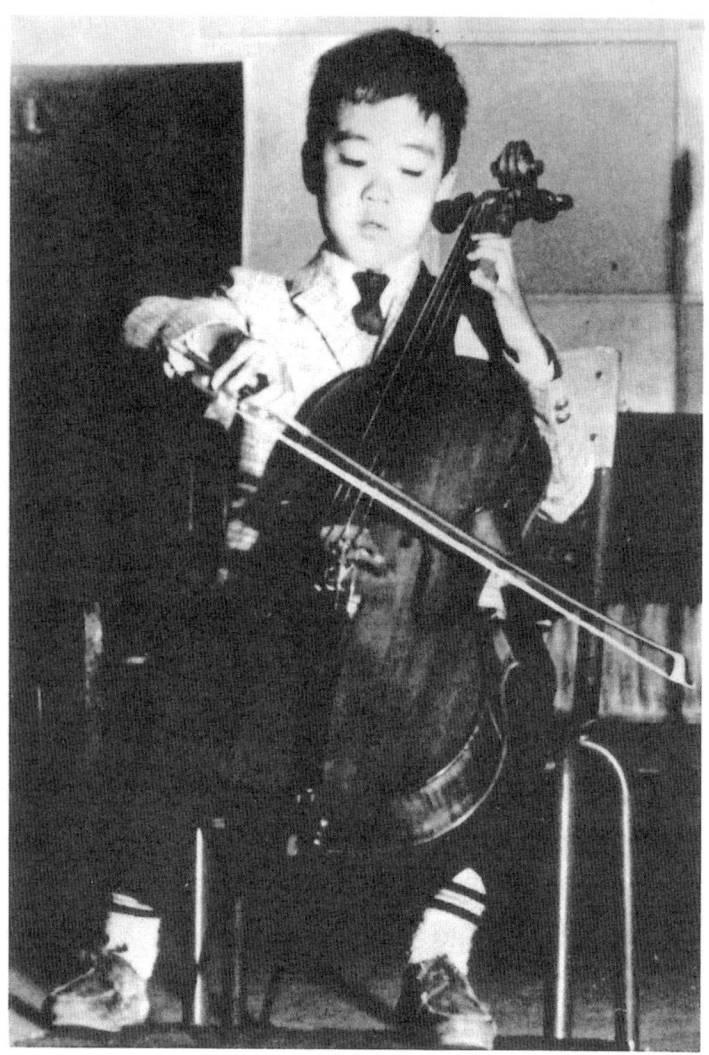

让琴弦唱出他内心的感受

6. 像颗闪亮的星星

的反应不像其他的孩子那样一般都会受到影响。友友不会。他只顾拉琴,其他所有东西都置之不理,直至拉完了那一课为止。

雅文曾经接受过歌剧训练,所以对于友友运弓方面的特殊天赋极其了解。但当雅文告诉友友,他拉琴时琴弓会"唱歌"时,友友实在摸不着头脑。

"妈妈,这是什么意思?"友友一脸稚气地问。

"呀……改天我再解释给你听。现在不行。改天,等你大一点的时候。"

友友成为大提琴大师究竟是命运注定如此,还是由于爸爸的意志?谁也不知道。但肯定不会是无缘无故发生的。父母亲的文化背景,肯定对他有影响。这点关系重大。

友友从父母那里第一次听到和学到的语言是中文,但在巴黎,他接触到另一种语言。这种文化双重性,使他留意到自己的种族背景,这个种族注重服从、勤劳、忍耐和纪律。他一年一年地长大起来,但始终不能忘记,自己是在两种文化中长大的。而这种双文化的教育对他个性的发展起了很大的作用。

雅文跟友友谈话的时候,从来不当他是个无知的小孩子。她有做母亲的人那种智慧,从来不挫孩子的好奇心。

马家一家人在巴黎

友友总有很多的问题要问,每一次他问问题,雅文回答他的时候都加以解释,就像跟成年人交谈一样。她告诉他,没有什么问题是不重要或愚蠢的,要紧的是引发了智慧的成长就行了。雅文鼓励友友有好的思想,鼓励他说:"真棒,友友,这是个很好的问题。"

就寝时间是和家人共聚一起,分享乐趣的时光。雅文和两个孩子住的房间里有一张双层床。友乘睡在床的上层,雅文睡在下层,而友友的小卧床就放在她旁边。她没有给孩子们讲简单的童话,而是问孩子们:"今天做了些什么?"她根据他们的答案,给他们忠告,以中国古代纲常去指导他们。她强调仁慈、慷慨及无私的重要性,也极力主张以德报怨。她反复叮咛说:"要努力不懈,以积极的态度去看人生。"

当孩子沉重的眼皮慢慢地合上,"要努力不懈,以积极的态度去看人生"的叮咛也随他们进入了梦乡,产生潜移默化的影响。

不过,雅文睡不着。她躺在床上,睁着眼睛,在漆黑一片的房里,从记忆中寻找往事。

现在,她可以心境平和地回想人生里早年的日子,当时的日子似乎像个噩梦,不会醒过来。

7. 战火的岁月

在东方社会，父亲的期望就等于命令：孩子自幼就在这种观念的支配下成长。当雅文的父亲面对政局发展而必须做出重大决定时，她完全了解此中道理。

雅文的娘家姓卢，她一九二三年生于香港，是卢家二男四女六个孩子中的幼女。雅文父亲从事买卖大米和海产的生意，正如其他很多中等家庭一样，他相信教育是成功的唯一途径。他教导儿女，读书是为个人，也是为家庭赢取荣誉的最可靠方法。

卢家的生活安宁而平静，但外面却战云密布。幸好香港暂可偏安一隅，战战兢兢之余，尚可巧妙地避免卷入战争。

7. 战火的岁月

雅文一心只顾求学，对眼前的政争毫不关心。但好景不长，战事的发展很快就令她改变了态度。

战火最后蔓延到世界各个角落，香港完全生活在恐惧之中。第二次世界大战爆发，日本在一九四一年十二月七日突袭美军珍珠港海军基地，太平洋成为第二条主要战线。日本侵占中国东北地区后，驱兵南下。

英国在欧洲受袭，无意亦无力顾及亚洲，于八月从上海及华北港口撤退，但仍然保留在新加坡的海军基地、留守香港。

日本洞悉英国弱点，趁机以海军进攻。由于日本极需要新资源，故竭尽全力要征服邻近地区，而香港则为兵家必争之地。日军以迅雷不及掩耳之势，命令空军投下以吨计的炸弹于这个本来平静的商业城市。十二月二十五日，日本突袭珍珠港后的第十八天，香港沦陷。

成千上万的人死于战乱，受伤人数更加难以计算。

日军屡战屡胜，侵地日增，这愈发激起其野心，采取激进的军事策略要成为东方霸主。但正是这个野心勃勃的政策导致日军一败涂地，因为它使当时中国各个政治派系团结一气，共同抗敌。

二十世纪四十年代早期的日军攻击迫使许多人由重庆

迁移到华西。中国人一向重视的教育制度受到破坏，大部分华东大学的师生搭乘货车，经陆路远赴华西地区的临时居所。

由于预计食物供应会短缺，商人于是囤积居奇。政治腐败亦猖獗一时。

以往抵抗外敌散漫不堪，属党派之事；后来，擅长游击战术的共产党开始与南京国民政府合作，组成联合阵线。

但抗日战争结束之后，党派之间的矛盾逐渐显现，为抵抗共同的敌人日本而产生的合作也随之瓦解，内战危机再次出现。

一九四四年，中国损失惨重。日军挥军前进，直指重庆。

通货膨胀达到令人担心的地步，而奸商又以种种方法牟取暴利。国内大部分人，包括公务员、教师，都收不到薪金。

一九四五年九月二日，战事终于结束，日本向中国投降。

但是没有任何革命精神，又预感战后必然是个新而黑暗的世界，雅文父亲动摇了要想办法帮助女儿在香港完成

7. 战火的岁月

学业的决心。她还有一年就念完中学,但留在香港始终不是明智之举。

白天,他为突破困境而搜索枯肠,甚至晚上躺在床上也睡不着,苦苦思索。然后突然间,像做梦一样,他找到了解决问题的办法:为什么不送她去内地的寄宿学校念书?那里会很安全。

雅文听到父亲的决定时,沉默不语,但双眼掩不住内心的伤痛和悲哀。父亲既然决定了,她便不得不照做。

"我看得出你伤心,强忍眼泪。但我知道伤痛最终会治好的。我们都会很伤心,但我是考虑到你的前途才这样做的。"她父亲以严肃的口吻说,然后又补充了一句,"孩子,你的心就像个花蕾,一定会绽开成为一朵美丽的花。"

她心里明白。两地相隔对父亲和对自己同样是伤心的事。这点她懂得。

到广州之路漫长多险阻,但不需要多加准备。雅文跟邻居的两个女孩子远赴羊城,她们也是去当地继续学业的。

雅文初次外游,思家情切。但她从没有让思乡情怀影响学业。一想到一年易过,毕业后又可以共聚天伦,精神就为之一振。

但父亲的一封来函，立刻令她希望落空。信里说：

亲爱的女儿：

我知道你多么渴望回家，你肯定也知道我们多么想你。但我一定要告诉你，香港已经危如累卵，我时刻担心家人的安全。

你姐姐住在华南，也赞成你最好到她那里去住，安全一点。

华南安全？父亲错了。日军早已攻占了该区。

当年夏天，国内不断传来坏消息，加上还有投考重庆中央大学的入学试压力，令雅文吃力不已，但她下定决心，不惜任何代价去争取成功。虽然心力交瘁，她最后还是考上了大学。

此际，命运又在她的生命之网中织上了一个意想不到的转变。

8. 雅文遇上孝骏

中央大学的学生生活，对雅文来说是乐在其中，无以尚之。她念的是自己最喜爱的科目——音乐，主修声乐和歌剧。她的志愿是成为一位抒情女高音歌手。

大学中心原本在南京，但由于南京被日军占领而被迫将整个校园搬迁到重庆——这是项艰巨的工作，但亦是保证高等教育得以继续的唯一妥善办法。

雅文当时并不了解，当年父亲要她背井离乡到外地求学是个明智的决定。后来自己做了母亲，才体会到父亲爱女之心和所做的牺牲。那时候，她只感到与亲人分隔两地，实在痛苦不堪。

生命里总是有得亦有失。痛苦之中亦衍生出无比的喜悦。

在中央大学,雅文看上了乐理教授马孝骏。他高挑英俊,乌黑发亮的头发框着脸。他站在课堂上,是尊严与学术的化身,雅文的心被他炽热的眼光刺穿了。她一边写笔记,一边感到一种奇异而又脆弱的激情,这种激情她从没有在其他男士面前感到过。

在校内跟雅文要好的一位朋友是马博士的妹妹。雅文起初也有些迟疑,不想让她知道自己对教授有倾慕之意,但最后雅文终于鼓起勇气问她:"孝骏,讲些你哥哥的事给我听听。"

雅文一九四七年在上海

8. 雅文遇上孝骏

雅文虽然遮遮掩掩，但孝骏并非完全察觉不到她其实是对兄长这位男士有兴趣。她开腔说："也没有很多东西可讲。他是个爱保守隐私的人。他一九一一年七月十一日生于宁波，即上海的南边。由于对中国政局感到失望，于是大老远跑到巴黎去进修音乐。这是一九三六年的事了。他很适应双文化的新生活，日子过得很顺心。后来中央大学给了他一个教席，他便回到中国来。"

雅文默默地站在那里，陶醉地倾听每句话。万千思绪在心里翻腾，而她的表情人家一望就知。孝骏猜得出雅文真正想知道，而又不敢直接问她的问题。

"他还没有未婚妻。"接着孝骏又说，"你真的很喜欢他吗？"

雅文一脸腼腆，充满少女情怀地点一点头。她还没有准备告诉孝骏，怕被她笑。虽然雅文的思想没有离开音乐，她的心却开始有所改变了。

此际，日军挥师迅速，令抗日阵线愈退愈后，一直退到内陆。

战乱之际，危难临头，大学生都无心追求学问。心情紧张之下，学生都达不到马博士严格的要求。他当然非常了解他们，感受得到也很同情他们的境况，但他不能忍受学生对自己的作业漠不关心。对他这位完美主义者来说，不尽责是不能原谅的。与其让学生整日活在悲观的情绪之中，他鼓励他们面对逆境时要加倍努力。他是位纵使面对极端恶劣情况也不退缩的船长，但他的劝告没有人听。

他对学生的表现感到失望，于是辞去教职，返回巴黎，全心全力钻研乐理和作曲。

日军继续毫不留情地攻占中国内地。比较幸运的人逃到内陆腹地，其他的人则毫无选择，任由命运摆布。

雅文一直留意香港的情况，那边传来的消息使她更加坚定回去的决心。她认为家人生活在水深火热之中，而自己则留在远离危险的安全地方是自私的行为。她一想再想，每次结论都相同。除了返回香港之外，别无选择。结果亦证明她做对了。她很有信心，总会有办法继续自己的学业的。

她告诉了孝骏自己的决定，这一次也向她剖白了心声。

"我决定回家去。我这样做最好不过。但有件事我实在不应该瞒你——这许多年来，我一直梦想去巴黎走走。"

雅文说出心底话以后，觉得很舒服。

8. 雅文遇上孝骏

"人家都说巴黎是一个文明之城,我很想去看看。"

"当然。"孝骏口不对心地答道,"或者,你会有机会再见到我哥哥。"

两人相视而笑。

这一次,轮到孝骏向雅文吐露心事:"我也有同样的想法。也许我们可以一起去。"

"我从未想过这一点,一起去更好呀!真棒!"两个女孩子于是便约好了。

雅文想深一层,向孝骏说:"但我首先要回香港跟家人团聚,然后去赚钱支付前往巴黎所需的费用。"

这点她做到了。

目的达到后,雅文和孝骏出发前往巴黎。到达之后,孝骏立刻把雅文介绍给哥哥。

雅文对孝骏的礼貌和绅士风度印象深刻;讲话时,雅文从没有放过注视孝骏眼睛里闪烁的光辉。在课室里,虽然她深深佩服孝骏传授的深厚知识,但他对学生要求严格,亦令她感到困惑。对她来说,孝骏似乎是过分严厉了。这种性格引来她强烈的不安:是纯教学技巧还是性格使然?她心里在想,假如他做了自己的丈夫,会不会也是这样严厉。不过,她很快就不再想这些问题了,反而宁愿去仔细想想比他性格更重要的优良品德。雅文的疑虑全消了，她明白两人相同的背景和对音乐的共同追求，使彼此在精神上都充满喜悦。

一九四九年七月十七日，雅文与孝骏共偕连理，成为马孝骏的夫人。这位年轻的新娘满心喜悦，不但可以继续进修音乐，而且生命现在增添了另一重意义。

掌握了声乐技巧后，雅文在法国音乐学院念书。她现在需要的是进修发声控制，而经过不少时间的练习以后，终于得偿所愿。接着，她入读著名的塞萨尔·弗兰克学校直至毕业。

但要她做出重要决定的时刻来了：从事歌剧演唱还是专心持家？这是个很重大的决定，而这个决定需要很大的牺牲。最后她选择了家庭而不是事业。

两口子的第一个孩子是名女婴，取名 Marie-Thérèse（玛丽-特雷莎）。为了保持中国人的传统，也取了个中文名"友乘"，寓意"愿你有许多朋友"。

四年后，当友友（英文名是 Ernest，欧内斯特）出生时，马博士仍然收入微薄，不过得到移民芝加哥的弟弟接济，总算可以过日子，儿女也可以学音乐。于雅文而言，儿女的教育比任何东西都来得重要。

8. 雅文遇上孝骏

新娘和新郎在结婚大喜的日子

马家在东方度过了漫天烽火的岁月；在西方的新土地上挨过了严冬和贫穷。

雅文躺在床上，和两个孩子共处一室，心里在想，究竟是疲劳、自怜还是缅怀过去令她心境如此平静。她听到友乘在上铺移动身体，最后又看了友友的小卧床一眼。这一夜，她睡得很甜。她知道黎明一到，自己又会精神焕发。

9. 一个古老的迷信

友友大叫:"妈妈,我不想你死,我不想你死!"

雅文听到友友出其不意的喊叫声,吓了一跳,浑身颤抖。

"友友,你说什么?这是什么废话,谁告诉你我要死呢?"

友友睁大双眼望着母亲,一脸惊惶。雅文忍不住用手揽着他的颈,把友友紧抱在怀里。

"好了,你现在告诉我,是谁给了你这个愚蠢的想法。我不会死的。"

友友从母亲的紧抱中松了出来,深深地吸了一口气。"你看,"他指着前额中间长出来的一小撮头发,"左先生说这是一个咒，我的父母其中一个肯定会死。"

雅文咬咬唇，心想那种古老的迷信还是传了下来。一种愚不可及的迷信！她知道那不过是民间传说，一种蒙蔽人又令人费解的传说。古人执着地把传说延续下去，成了"文化遗产"的一部分。雅文接受过良好教育，不会相信这种荒谬的传说，也不认为儿子额前生的黑发跟任何迷信有关。对她来说，这撮黑发只是有点不美观，但绝非不祥之兆。去掉它会使友友痛楚，但这迟早一定要做。不过雅文现在还没有勇气去做。

"妈妈，是谁把这个'咒'施在我身上？"友友打破砂锅问到底。

左先生的话显然已经烙在这个少年的心上，无法磨灭。

"友友，友友——mon pauvre petit（我可怜的儿子），根本没有咒施在你身上。左先生年老昏庸，他不应该到处乱讲这些东西。不要理他。"

友友不理。他认为妈妈说谎，好让他不难过。

"妈妈，请你剪掉它，请你剪掉它。"

雅文劝他别剪，但友友偏偏不肯。雅文从过去的经验知道，他是不达目的不肯罢休的。

9. 一个古老的迷信

"好了，友友，我把它去掉，这会令你的前额光滑一点，人漂亮一点，但不是因为迷信才这样做。"她犹豫了一下，说。

"但是我要你知道，这些头发是剪不下来的，要一根一根地拔出来，这是唯一使头发不再长出来的方法。拔头发很痛，痛得很厉害。"

"我不管。我要你替我拔。我不想你死。"

雅文于是很有耐心、很小心地拔出每一根头发，小心翼翼地重复问："我有没有把你弄得很痛？要不要我停下来？"

友友眼旁的肌肉绷得紧紧的，紧握着小拳头忍痛。

"妈，不痛，不痛。"他轻声颤抖地说。

友友一直等到妈妈拔完了头发，替他前额扑了粉，才大喊大叫起来，跑到雅文叫作"petite mère"（"小妈妈"）的友乘那里，找寻安慰。

雅文替儿子拔掉前额那缕头发以后，暗自希望友友不会再从左先生那种人那里听到任何迷信的观念。

10. 占卜曲奇饼

一个星期二的早上,十点三十分,门铃响了。雅文因为正在等一个朋友来看她,所以记着时间和日期。她开门一看,原来是邮差。

"Bonjour, Mme Ma.(马太太早。)"邮差以一贯友善的态度跟她打招呼,"有件邮包给你,是从美国寄来的。"

雅文谢过他,把邮包拿到厨房里去。当她看到投寄人的地址时,不禁惊叫起来:"Mon Dieu!(我的天呀!)邮包是在美国加利福尼亚州的姐姐寄来的。我还以为她已把我忘记了。"她的视线移到盖销的邮票上,其中一张画着自由女神像,高举右手,擎着一支火炬。这一刻,她记起在那建筑宏伟的圣母院所矗立的小岛末端,也有一尊小

10. 占卜曲奇饼

型的自由女神像。现在看到这枚邮票,她才真正了解到那神像的象征意义——自由。她把邮票剪下来,和其他纪念品一样,藏在抽屉里。

邮包里有一大堆杂物,都是在战后的巴黎找不到的。最引起雅文兴趣的是一个塑料袋,装有奇形怪状的曲奇饼。姐姐在信上说:"这些是占卜曲奇饼,我想你以前没见过,但在美国倒是很流行。跟孩子们一起尝尝吧。"

雅文打开塑料袋,开始把饼干拿出来放到一个陶罐里去。在放的时候,有一块饼干掉在了桌子上。她心里想,多么有创意,曲奇饼里藏有信息纸条。她满心好奇,啪的一声打碎饼干,抽出那窄长的纸条,慢慢地开始辨读藏在里面的信息:"尔将远游。"

雅文对自己笑一笑:"这可真神奇,那些美国人!他们可以想出各种各样的东西来。"跟着,她就继续做她手头的工作。但这个奇怪的信息挥之不去,就像一首萦绕心间的歌曲,一段早已忘怀的诗。

过了不到一个月,有一封信来了。雅文说:"是你弟弟寄来的。"孝骏立刻打开信来看。他接到弟弟消息的时候,总是很开心。他热心地细读每一个字,双眼盯住了信末的一行。他把这一行看了又看,以确定自己没有看错:

"……我已决定回中国去看太太和孩子。"

孝骏脸色惨白。"我弟弟一定是疯了。"他对雅文说,"他要回中国。难道他忘记了中国现正一片混乱吗?找不到工作,他怎样过活呢?我一定要他打消那些疯狂的想法。"

他立刻坐下来给弟弟写信,劝他放弃回国的计划。他告诉弟弟说:"你毫无理智。在这个时候回中国是再愚蠢不过的事。你有一直留意国内的情况吗?"

为了确保弟弟收到这个信息,孝骏接着又打了个长途电话给他,但也于事无补。

"弟弟不肯听我的话。"孝骏对妻子说,"他现在做的事很不对,我非常担心。"

雅文看了看丈夫。跟他一起生活了这么多年,丈夫还没告诉她有什么心事,她就已经揣测到了。孝骏的脸,表情丰富,情绪起伏都流露在脸上,控制不了。

"我已经知道你要说什么。"她说,"你一定要做的话,就做嘛。你弟弟时常帮我们解决困难,现在轮到我们帮他了。"

"我们一定要尽快动身去美国。待我亲眼见到他的时候,也许可以跟他讲讲道理。"

这不就是占卜曲奇饼的信息嘛!雅文想起来了。她要

10. 占卜曲奇饼

是迷信的话,可能早已受到信息的内容和时间困扰了。

马家取出全部应急储蓄,卖了手头值钱的东西,订了飞机票去纽约。由于友友年纪还小,不用买票,省了钱,令他们很愉快。

到了纽约,一家人径直前往孝骏弟弟在罗切斯特的住所,在那里住了一个月。

孝骏用尽各种办法,终于劝阻了弟弟,也说服了他拿下对他有利的博士学位。

(从左到右)马孝骏的弟弟马孝忠、雅文、马孝骏博士、友友(五岁半)和友乘(十岁)(一九六一年摄于芝加哥)

罗切斯特给五岁半的"神童"打开了一扇新的门。友友在当地的拿撒勒学院举行了他在美国的第一场演奏会。

对雅文来说,看着儿子拿着乐器上台是一个紧张的时刻。她坐在丈夫旁边,屏息静气地追随着乐曲。她熟悉每一个音符,双目一直盯着舞台,欣赏友友职业水平的演奏。她仔细地端详友友脸上的严肃表情,看得出他正在专心演绎作品,手指灵活地在指板上上下移动,令她赞叹不已。也不知道为什么,她把视线移向听众,心想,这些陶醉在音乐里的听众,一边听音乐的时候,一边究竟在想什么?他们怎么也想不到,这时陶醉在音乐里的小男孩,也是她所熟悉的淘气鬼。

一瞬间,她回想起巴黎的旧居,一幕幕珍贵的景象在心中涌现出来。虽然友友童年时接受严格的教育,感情受到抑制,但总算保留了不少幽默感,这点令她感到很欣慰。友友是个生存能力很强的人,和普通小孩子不同的地方是较有人情味,就是这点额外"调皮随和的性格"令他人见人爱。雅文的心扉内思潮狂涌,就像涨潮的海水,勉强到了岸,又只好退回到大海里,在湿沙上留下不规则的图案。

不知不觉间,一句中国老话悄悄地掠过心田:"好铁不打钉,好男不当兵。"但在抗日战争期间,为了激励士气,这句话就被人巧妙地改为"好男好当兵"。

这句老话给马博士留下了深刻的印象。当他听到两岁大的儿子唱着一首青蛙之歌的时候,就把雅文叫到一旁,告诉她说:"我们的儿子是个不中用的小家伙。他就像中国谚语里的'铁',不是适合变成'好东西'的材料。"

雅文听到丈夫这样评论儿子,当然感到吃惊。平日里,他总是称赞友友智慧非凡,将来肯定出人头地。

"你为什么这样讲呢?"雅文记得有一次她问丈夫。

他回答说:"呀!你记得友友像青蛙一样到处跳来跳去地唱那首歌吗?它的歌词是:

我是一只大青蛙

常在田里叫咯咯

咯咯咯咯咯咯咯

咯咯咯咯咯咯咯

我是一只大青蛙

快乐快乐真快乐。"

雅文完全记得那首歌,所以点点头。

丈夫继续说:"他不知道到了'我是一只大青蛙,快乐快乐真快乐'的时候,应该停下来不再唱下去。他一直重唱最后一句'我是一只大青蛙，快乐快乐真快乐'，'我是一只大青蛙，快乐快乐真快乐'，好像忘了什么时候该唱完那首歌。友友的记性真是坏透了。"他特别强调最后那句话，摇摇头表示难以相信。

雅文听了，笑一笑说："你要一个可怜的小孩子懂些什么？他不过才两岁大。"

结果是，没过多久，友友就证明了他不是"劣铁"，他爸爸很快就知道，友友的智慧和应变能力，比最优质的"铁"还要好。

马博士知道友友很顽皮，警告他说，当友乘弹钢琴的时候，不要去干扰她。他三令五申对友友说："友乘练琴时，我不准你到琴室里去。"

友友明知不服从爸爸后果不堪设想，但这个鬼灵精却把父亲的话，按字面意思来执行。他站在门口，不进去，却在那里瞄准姐姐，向她投沾上唾沫的纸团，知道友乘半句话也不会对爸爸说，而他自己可以享受一点乐趣。在心里，这是他胜利的时刻，以机智赢了父亲。

雅文永远无法理解儿子为什么心思如此敏捷，为什么能够以天真而轻松的态度，随时解决困难。

雅文的意识流，像镇痛香油一样源源不断地涌出来。

10. 占卜曲奇饼

她在心里看到友乘弹钢琴,正在踩踏板,而友友偷偷地走进来,在钢琴凳下蜷作一团,接着按下踏板,使姐姐踩不到它。

在隔壁房间,马博士正忙着为管弦乐队改编乐曲,耳朵同时听着友乘弹琴。突然间,他搁下乐谱,用心地听,发觉有点不对劲。他冲进房间,当场抓到了友友。

马博士像个盛怒的巨人,目露凶光,动也不动地站在那里,突然间,整个房间都变得狭小起来了。

这完全出乎友友的意料,他从钢琴凳下屈膝仰望,看到父亲满眼通红,马上镇静下来,换上一脸痛苦万分的表情。

"你在下面做什么?"马博士气呼呼地问。

"呀,爸爸。"友友由于唾沫干了,调节了一下呼吸才开始回答,但脸上却露出一个小孩子不知犯了什么大错的无邪样子,"我今天早上在房里拉大提琴的时候,弄丢了松香。我一直在到处找……我想也许是滚到钢琴踏板下面去了……"

友友说谎骗爸爸,感到有点内疚,但眼下并不为此担心,只求自保。

可怜的爸爸能做些什么?他知道孩子在说谎,但同时又为友友敏捷的心思暗自喝彩。这也好,他一般是先处理友友不听话的行为,才回去做自己的工作。虽然余怒未消,他亦同时为勇敢的儿子再一次智胜自己而感到开怀。

友友五岁时,在巴黎大学里友乘先前表演的同一个演奏厅举行了一场钢琴暨大提琴演奏会。他的演奏十分成功,控制自如,才气飞扬。巴黎音乐学院的一位教授十分欣赏和器重友友,两人年龄虽然相差很大,但很快就成为忘年交。

有一天,教授和友友一起在马博士指挥的音乐会上演出。教授有一次拉错了音,但不大肯承认。后来,教授和友友单独在一块儿的时候,两人谈论了音乐会的功过。

"Monsieur le Professeur(教授先生),"友友一脸正经地说,"我对音乐会上所发生的事情,实在感到很遗憾——不过,你犯的错误根本没有人留意到,请千万别担心。"接着,他以经验丰富的乐评人的口气补了一句,"其实,我们有时候犯点错也不足为怪。"

教授对友友的专业水平至为敬佩,视他为乐坛奇才,对自己的错则感到难为情。他显然是因友友所说的话而感到很尴尬,甚至道歉,因为他深信自己的确是拉错了音。

一阵掌声把雅文从沉思中惊醒过来。友友一手拿弓,一手拿琴地站在台上，像位真正的职业琴师一样一次又一次地鞠躬，默默地答谢观众的掌声。

雅文望一望跟观众一起大力鼓掌的丈夫，再次把视线移到台上。唇边的一抹微笑清楚地显现了她内心的骄傲——那是一个母亲回想起一个拉完了琴就像青蛙一样跳来跳去的小孩子的那种骄傲。

演奏会过后，一家人去了加州的伯克利，和雅文的姐姐小聚。旁边没人的时候，雅文向姐姐吐露心声说："你还记得你寄给我的那些曲奇饼吗？呀，我的'运'真的来了。来美国是'远游'。"她说的时候眼睛还顽皮地眨了一眨。

姐姐当然不太明白雅文在讲些什么，但见她这样开心，也附和地点了点头。

11. 一张意想不到的合同

跟亲人道别永远不会是件愉快的事情，就好像心被挖走了一块，留下一片空虚。雅文跟姐姐在一起的时候，共叙童年往事，回想在香港居所看到的宁静海岸，一家人共享天伦，精神便为之焕发。但钟计时，历计日，最后的一次拥抱，一个多写点信给对方的新承诺，一个愿对方将来更好的祝福，又一次在机场说完"再见"之后，马家上了去纽约的飞机，最后回到法国。

停留曼哈顿期间，马博士走遍了半座城市。他喜欢那里所见到的东西：黄色出租车在路上往来奔驰、第五大道沿路豪华的橱窗陈设、中央公园里的儿童游乐场和公园辽阔空旷的草坪。在那里，人们悠闲地享受散步，或找一个

11. 一张意想不到的合同

宁静的地方看书、聊天。第二大道的民族色彩令他印象深刻，熙来攘往的唐人街使他流连忘返。百老汇大道灯光璀璨，使他眼花缭乱，也给他注入新的勇气、新的希望去展望将来。比百老汇的灯光更使他心潮澎湃的，是西五十七街的一座大楼。在那里，他默默地站在卡内基音乐厅雄伟的正门前。这个音乐厅是所有希望获得至高荣誉的表演艺术家的圣地。他像站在神祇前一样虔诚敬畏，梦想有一天，透过周详的计划和努力，可以见到儿子的名字，以粗黑大字出现在音乐厅里。他心里充满了希望。

那天晚上回到家里，他告诉雅文："我们回巴黎以前，我想孩子们应该在这里开场演奏会。"

雅文站在那里，说不出话来。她习惯了丈夫心血来潮的举动。但这一次，她想他一定是疯了。

孝骏告诉雅文他的计划。她就像平常一样，耐心倾听，不想给他泼冷水。另一方面，她认为丈夫做事太匆忙了，不过是一时冲动吧。为了跟他说说道理，要他面对现实，她温柔地提醒他："我了解你跟你的梦想！可你从哪里去找钱租地方呢？"

他半开玩笑半认真地回答："我真的很希望就在卡内基音乐厅租个地方……"

话音未落,雅文就说:"这一次你真的是太不切实际了。"

他完全置若罔闻,一副好像她从未打断过他的样子,又说下去:"……当然,我知道我们没钱。我弟弟有位朋友提议我去见附近一个天主教堂的神甫,他们可以免费提供音乐厅。"

雅文松了一口气。

马博士是不是一时冲动?也许是。但时间太紧迫了。纽约对他是一个挑战,一个不应轻易放过的机会。谁知道什么时候才有机会重返纽约呢?但是,认为马博士能够梦想成真是不是又有点过于天真呢?当然不是,他是个永远乐观的人。

友友跟友乘开了一场非常精彩的演奏会,跟着又在河滨路的中美协会举行了另一场演奏会。这两场演奏会带来的意外收获是马博士应邀出任特伦特学校的音乐总监一职,协助学校成立一个儿童乐团。特伦特学校是曼哈顿区的一所独立小学,校方的负责人听了这两场音乐会。

儿童乐团!太好了,他日思夜想,一直梦想有这么一个乐团。在这一刻,一块宣布友友即将在卡内基音乐厅举行音乐会的告示板掠过心头。纽约是表演艺术中心。这个音乐

11. 一张意想不到的合同

会是个幻想，但马博士许下宏愿，要尽余生之力去实现这个幻想。

当丈夫告诉雅文特伦特学校的提议时，她实在难以相信，竟然有这么好的运气，求也不用求奇迹就出现了。现在没什么别的好做的了，要做的只是回巴黎，办好事情，然后准备返回美国。终于，一线光明把过去灰暗的阴影驱走了。

卡内基音乐厅（照片蒙卡内基音乐厅公司提供）

12. 奥梅松

春天刚刚过去,学校要到九月才开课,不过,马博士已开始整理特别为儿童乐团编写的珍爱的乐谱并捆起来。他把散放在两房公寓里的弦乐器堆在一起,又搜罗了一些其他乐器。乐器商人维特洛特先生非常慷慨,允许他赊购额外的乐器,并保证每件乐器都完好无损。在巴黎的朋友有些打电话来致意,有些上门探访,祝福他们在美国大展宏图。一切都按计划进行。但马博士对自己的决定反而有多番考虑。这个决定对家人来说是不是件好事?离开法国到新地方去对家庭有没有好处?他喜欢巴黎,但家在纽约更令他神往。他目睹纽约的青春和活力,感到非常兴奋。考虑了各种因素以后,他认为定居纽约是正确的决定。

12. 奥梅松

纵然心里思绪万千，孝骏依然专心工作，不让这些事情影响自己，也不会让孩子们松懈。友友和友乘继续读书，继续学琴。爸爸为他们补习中文成为每天功课的一部分。家里素来注重语言和文化，因为这是个恰当的传统。

一个星期天的早上，刚过十一点，有人敲门。雅文走去开门，一见到来客，就大声对丈夫说："看看是谁来了？是我们的老朋友曹先生。"

孝骏夫妇俩打从结婚那年开始就认识曹先生。曹先生跟孝骏一样生在宁波，住在巴黎，开了一家地产代理公司。

他嘴上说是来恭喜马博士的，希望他们一家人住在美国开开心心，另一个理由可没说。寒暄以后，曹先生问他们要不要跟他一块儿驾车到巴黎近郊的一个小镇。"出去散散心对一家人都好嘛。"他说，"到了以后，我们去一个我相熟的小饭馆吃东西。朋友出门，咱们要为他饯行，是吧！"

友友和友乘可兴奋了。他们不常坐车出游，而且今天是星期天，琴也练完了。

由巴黎市中心驾车到奥梅松，只不过半小时。出乎意料地，曹先生没有到馆子去，而是把车停在一所普通的房子面前。

"我想你看看这所房子。"他说,"现在看来价钱不贵,而业主很想出手。他们现在要的价钱比它的实际价值低很多。"

他看到孝骏夫妇俩一脸惊讶,赶快说:"我明白。房子要修补的地方很多,但大多是外层而已,花不了多少钱。加上你马上就要去美国教书,有能力分期付款。"

孝骏笑了一笑:"这是一所不错的房子,但你是说笑的吧。"

姐弟俩在奥梅松花园

12. 奥梅松

孝骏的话曹先生根本没听进耳朵里,只管说修补工作可以找转包工程的人做,他也认识几个,可以请来做,还自告奋勇,由他免费督工。

万般思绪开始在孝骏心里涌现。他也想暑假一家人回法国的时候,有个歇脚的地方,巴黎的公寓不适合度假。

曹先生好像懂得他的心事,所以又说:"你不必马上决定。进去里面看看,看了才谈。但记住机不可失……在法国有个地方避暑,你考虑一下吧……"

马博士在考虑,雅文也在考虑。雅文预想得到在屋前的花园里,可以种些什么——这块地土质好,又向阳。通向大门前面的小径两旁,会种满色彩鲜艳的花。还有,呀,在这里换一换环境,吸口新鲜空气。当她看到几棵果树的时候,开心得不得了。她最希望住在有归属感的地方,邻居都互相认识,大家打招呼,这在公寓大厦是不可能的事。拥有自己的土地,有安定感。

雅文以前也有一次尽情享受住私家房子的体验。好几年前,马博士的朋友奥克-科尔纳让他们用她在布列塔尼海滩的房子。她很清楚马家的财政状况,对他们说:"夏天那几个月你们随便用好了。博物馆的行政事务很多,我没时间放假了。"她还细心地加了一句:"除了食物和交通要花钱以外，没有其他开支了。"

两个孩子可乐坏了。为了买火车票，他们很愿意跟父母一起多做点牺牲。

在布列塔尼，友友和友乘尽情享受沿着海滩奔跑的滋味，一边跑一边踢起浪花。他们游泳、拾贝壳，也继续练琴。

姐弟俩在沙滩上碰上了别的小孩——沙滩是姐弟俩唯一能跟其他孩子一起玩的地方。家里从来都是不准玩的；家是读书的地方，不是玩的地方。其他孩子也不准来打扰，除非是来跟友友和友乘一起演奏室乐的。

雅文对生活方式的重视不言而喻。马家一家人有别于普通人：他们要靠道德价值的力量、巨大的家庭团结力和非凡的音乐天才奋力向前。孩子玩耍的时间有限，精力要花在更重要的事情上。

对孝骏夫妇俩来说，中国文化和西方文化同等重要，二者都不可以忽视。说法文已经成为两个孩子的第二天性，但在家里就说中文，中国字就由爸爸教他们写。花了两小时准备好的课，孩子们十分钟就学会了。马博士教语言的方法就跟教音乐一样，每次学一点，循序渐进，第一次教一个字，然后三个字，五个字，一直到整篇课文教完

12. 奥梅松

母亲和两个孩子在布列塔尼度假

快乐的友友在布列塔尼岸边放船

为止。当友友和友乘年岁稍长时，爸爸要求他们一定要用中文来写日记，以加强语文训练和保持中国传统，提醒他们自己是什么人，过去是什么样的。

友友对于自己是什么人，应该怎么样，其实也时常搞不清楚。一直到大了一点，才像爸爸一样，时常自省，严以律己。到了那个时候，他才体会到父亲为什么对别人要求严格，对自己要求更严格。友友年轻时接受一家报纸的访问，表达了他的这种感觉："母亲鼓励我要有自己的标准，还要尽可能把标准提高。不要轻信别人的赞美，凭良心做事，坚守自己的立场。"①

雅文站在奥梅松那所房子面前，心中掠过这些愉快的回忆，完全不知道丈夫跟朋友在说些什么，一直到马博士叫她的时候才如梦初醒："哎，你觉得怎么样？不如也问问弟弟的意见吧？"

"可能他以为我们两个人都疯了。"雅文反驳说。但她错了。

很奇怪，他弟弟不但鼓励他们进行这宗交易，也寄来首期款，还提议分期付款和税费可以用特伦特学校的薪金

---

① The Christian Science Monitor, 1978-05-26.

12. 奥梅松

去支付。

后来马博士有了学校的合约,就把房子买下来了。

搬家的工作可不少,但也很顺利。一家人只顾在新的地方可以住下来就行了,大修补的工程迟些再做。现在要紧的事,是赶快准备动身去美国。

"啊,妈妈,如果可以把这所房子搬到纽约就好了。"两个孩子整天这样说。

但造化弄人,乐极几乎生悲。

马氏夫妇
在奥梅松花园

13. 曼哈顿序曲

一直照射在庭园一边的阳光现在移向屋后，一阵柔和的微风摇动果树的树枝。屋里，友友和友乘在练琴。有一次，友友把大提琴搁在一边，往房间末端面向花园的窗口走过去，想放股冷空气进入这个不通气的房间。友乘连头也没有抬起来，一面看谱，一面朝他喊："别碰那扇窗。不要费神去打开它。回去练琴。你记得爸爸告诉过我们什么吗？练琴时永不要分心，分心令你精神不集中，拉琴不流畅，情绪受影响。"

"他怎会知道呢？他又不在家。你一天到晚担心这个，担心那个。"跟着，友友动手去打开那扇窗，可是窗框给卡住了。当他使劲儿去推的时候，窗框里脆弱的玻璃碎了,其中一块深深地插进友友的手腕,血流如注,友友不禁痛苦地大叫了一声。友乘还来不及去帮弟弟一把,在隔壁房间的母亲已飞奔到友友身边。"友友,友友,你刚才做了什么?"

雅文随即意识到,这次意外可能会对友友的音乐生涯造成严重的后果。她急忙把友友的手臂包扎起来,替他止血,然后拉着友友跑向邻居求助,恳求邻居赶快把孩子送到医院去。

幸亏邻居是位出租车司机,刚好在家。

"啊,夫人,我很想帮你忙,但我不能载你们到医院去。你也知道,我一定要遵守公司无聊的规矩。医院不属我的载客区……我不能破例……Je suis désolé.(对不起。)"

雅文手足无措。虽然流血好像减少了些,她还是感到孤立无援。儿子的伤口需要及时治疗,但她不知往哪儿求救。

凑巧另一位邻居刚好看见雅文从屋里冲出来,于是跑过去。他把雅文母子俩送到车上,载他们到医院急诊室。

"你真幸运。"医生对友友说。然后他转过身来跟雅文说:"幸好你在最关键的时刻赶到医院了;假如再迟一点,你儿子的手将会永久残疾。他真的是个非常非常幸运的孩子。"医生又说了一遍。

几天后,当马博士将这件事转告维特洛特先生的时候,维特洛特听了也松了口气。

"这次意外足以毁掉友友还未开始的事业呢!"

除了这桩意外之外,奥梅松留给马家的尽是甜美的回忆。他们不时回那里度假,享受这个休憩地带给他们的和平与宁静,欣赏美丽的花朵,采摘树上的水果。

有一次,在奥梅松小住时,马博士给朋友约翰·艾·拉洛写了一封信,抒发一下他愉快的感受:

约翰:

……别忘了:你如果来欧洲,也可以在奥梅松落脚。我已经为你准备好了一间新的睡房,跟一间新的客厅。我要你知道,我在过去两年做了几项改良;我装了个热水炉,你随时都有热水用。为了方便你,你会有两张床和两块垫子,也有大厕所和餐具室,还有杂物架和抽屉可以放你的东西。我有一架斯坦威钢琴和两百多节歌剧选段,让你太太可以练唱歌。

市场里时常有你最爱吃的鳟鱼(我会在上菜以前把鱼鳞去掉),每星期六都有活虾供应。你还会在我们悉心打理的庭园里找到花儿、水果和新鲜蔬菜。

我们欢迎你随时光临。①

不知不觉间，日历一页一页地翻过去，特伦特学校开学的日子就快到了。马家终于准备就绪，离开法国，到纽约市展开新的生活。

他们先在西区一家酒店暂住，同时亦在找一个长住的居所。过了一个月，他们在麦迪逊大道十六号找到一间公寓。在那里，他们碰上了扎比利斯基一家。由于两家人都爱好音乐，而且后者跟法文和法国文化也有深厚的渊源，两家人的关系变得十分密切。

---

① 此信中文版译自原法文信件的英译版。

14. 太高、太低

医学博士约翰·扎比利斯基身材高挑,相貌英俊,举止彬彬有礼,而夫人是位法国出生的女士,高雅的个性在热情的微笑中展露无遗。他们三个可爱的儿女——约翰-彼得、克里斯托夫、瓦莱丽——全都跟马博士学音乐。扎比利斯基博士在洛克菲勒大学从事癌症的研究工作,平日只有三样爱好:家庭、医学研究和音乐。

他自然渴望可以跟随这位出色的大师学拉大提琴,但不知道马博士会不会收一个成年人做学生。

"当然收——avec plaisir——很高兴地收。学习音乐无关性别和年龄。"然后马博士又加了一句,"要有成绩,就得认真地学习。"

14. 太高、太低

年轻的科学家一口答应了……也确实做到了，上每一节课都以严谨的态度去对待。

有一次，扎比利斯基博士上课时对着背向走廊的老师坐，从马博士的位置看不见站在门口的友友，他不知道友友已经竖起耳朵，细心聆听从大提琴拉出来的音符。

拉到了某一处，马博士一如以往，决定要考考学生分辨音调高低的能力。

他问："你现在拉那个音符是拉高了还是拉低了？"

扎比利斯基博士措手不及，一时不能肯定，但又不想答错了叫老师失望。他抬起头来，看到了友友。友友用一根长手指往上指，给他一个提示。

"高了。"医生信口答了，完全信任这孩子的专业知识。

"很好。"老师感到很满意，然后叫他再拉另一个音符。

"那么这个音呢，是高了还是低了？"

扎比利斯基博士急忙向走廊望过去：友友的手指往下指。

"低了。"他信心十足地回答。

"棒极了！"老师对学生的表现感到非常满意，高兴得大声说,"你的耳朵真灵敏。"跟着就继续和学生上课。

当马博士发现这位学生背后的故事时,两家人已经成为好朋友了。每次两人想起"高了低了"的一幕时,也不禁为扎比利斯基博士那双"充满音乐感的耳朵"失笑。

15. 帕布罗·卡萨尔斯①

亚历山大·施奈德是享誉乐坛的布达佩斯弦乐四重奏乐团②的小提琴家。他初次和马博士一家人见面的时候,怎样也想不到,站在他面前的那个"小家伙"会是音乐界的明日巨星,直至他听了友友的演奏,才深信不疑。

这男孩子长长的手指滑动得有板有眼,拉琴时双眼完全不看指板,这一切,都令施奈德惊愕不已。友友全神贯注,琴弓在琴弦上飞舞,奏出美妙无比的音调。

---

① 帕布罗·卡萨尔斯(1876—1973),西班牙大提琴家。他发现了巴赫6首无伴奏大提琴组曲的总谱并首演,将大提琴演奏艺术提高到了一个崭新的阶段,使它真正成为与钢琴、小提琴享有同等地位的独奏乐器。——编注
② 布达佩斯弦乐四重奏乐团于1917年成立,1950年代达到巅峰,1967年解散,被誉为20世纪最伟大的乐团之一,确立了贝多芬四重奏作品的当代演奏典范。——编注

一曲既终，施奈德对这次令人难以相信的优美演奏禁不住地摇头，表示极度的欣赏。"太美了！"他欢呼道。他实在感动极了，一下子说不出其他话来。然后差不多是在同一时间，他转过身来对马博士说："卡萨尔斯听过他拉琴吗？"

他说的是饮誉国际乐坛的大提琴大师帕布罗·卡萨尔斯。

"没有，卡萨尔斯还未听过哩。"

"那我想他应该听听。不妨就让我跟他谈谈吧。他以前也住在这幢公寓楼，就在三楼。你知道吗？"

"不知道。"孝骏回答说，"没有人告诉我哩！"

亚历山大·施奈德言而有信，立刻安排友友跟这位出生于加泰罗尼亚、受人敬仰的大提琴家见面。这次"试音"就在卡萨尔斯当时下榻的酒店的私人音乐室内进行。

雅文想起了卡萨尔斯的大提琴撑脚在木地板上造成的磨损痕迹——这些痕迹错综复杂，难以辨认，但从这些默不作声的痕迹图案就可知道大师花了多少时间去练琴。

试音完毕，卡萨尔斯抱起友友放在他的膝上。"你想多拉几首乐曲吗？"他随口问了一句，心想孩子拉完了琴一定会觉得很累。

15. 帕布罗·卡萨尔斯

他真的不了解友友。对友友来说,拉琴这才刚开始呢。

"好啊,好啊。"他兴奋地回答。大师于是挨着椅背,欣赏友友的琴怎样"歌唱"。

友友的演奏令他着迷,他一边听,一边心里不断地想:怎样才能把这个架着眼镜的"小天才"介绍给更多观众。

他偶然瞥见身旁的桌上摆放了一堆乐谱,上面有一封最近收到的信。信里说伦纳德·伯恩斯坦①会主持一个电视节目,叫《美国艺坛大展》,为华盛顿文化中心筹款活动掀开序幕。

"对了,就是这个音乐会。"大师终于找到那扇打开的门了。他准备问伯恩斯坦,可不可以让友友在节目中亮相。

---

① 伦纳德·伯恩斯坦(1918—1990),美国指挥家、作曲家。——编注
很巧的是,曾经帮助友友踏上音乐职业生涯的伯恩斯坦,临终前的几小时,被人发现坐在电视机前,据说正在观看友友的一场音乐会。

16. 获邀到肯尼迪中心

电视节目《美国艺坛大展》获得全国赞赏。友友亦由于曾经在大展上演出,所以能与包括帕布罗·卡萨尔斯在内的几位著名音乐家一起,获邀在节日慈善音乐会上演出。该音乐会定于一九六二年十一月二十九日在华盛顿国家兵工厂举行,由伦纳德·伯恩斯坦担任司仪。

雅文的情绪再也控制不住了,她的双眼透露了她心里是多么骄傲。她难以相信眼前发生的事情。友友毕竟还只是七岁大的孩子,而将为他钢琴伴奏的友乘也只有十一岁。不用说,父母亲对于这次演出比孩子们还要紧张。跟这么多世界著名的艺术家一起演出!还有,在美国总统和第一夫人面前表演!

16. 获邀到肯尼迪中心

杰奎琳·肯尼迪带给华盛顿高贵的风格和言辞。艾森豪威尔时代在白宫举行平淡乏味的招待会和仪式的日子已经结束,杰奎琳犹如一股清新空气,致力将国家首都变成一个文化中心。据总统自己及其亲信说,杰奎琳是总统最喜爱、最珍惜的人。她的魅力正是当时美国最需要的。

演出快开始了,友友似乎有点紧张。这完全不像他平常的样子。

"你害怕吗?"他爸爸问他。

"有一点。"

"你怕什么?你对乐曲是完全掌握了的。"

"不是这个,而是……"

"也许是听众多吧?"估计有五千人来听音乐会。

"啊,不是。不是这个。只是我的大提琴很小,怕声音不够大,不是所有人都听得到。"

他爸爸吃吃地笑,然后安慰他说:"不要担心,音乐厅里有扬声器。"

友友一如既往,信心十足地进行了一次出色的演奏,跟姐姐一起分享了如雷的掌声。

第二天,《华盛顿邮报》刊载了一篇乐评,对友友的演奏热烈赞赏。一张友友拿着大提琴的照片和三张第一夫

友友和友乘在华盛顿举行的节日慈善音乐会后,接受音乐大师伦纳德·伯恩斯坦的祝贺

音乐大师伦纳德·伯恩斯坦摆好姿势和年轻的音乐家们合照

人的照片并排登在同一页报纸上。

引起这样多的公众注意,肯定会令普通的小孩子觉得自己不可一世。但友友不会。好评、掌声、奉承不会令友友自我膨胀起来。不过,这些使友友觉得人家接受了他,接受了他和听众分享的音乐。他小小的心灵获得新生,也获得了补充,越来越了解到前面是一条崎岖难走的路。今后他会加倍努力,精益求精,用大提琴的弦线"唱出"他灵魂深处所感受到的乐音。

父母亲

父母亲教我相信灵魂
相信那额外的一点点东西
相信人性中的美。

友友

父 亲

父亲教我音乐的语言,
时间的价值,友谊的纽带。
他向我指出春天初出的幼芽,

我的儿子马友友

  大自然的奇观,文字的意义。

  父亲赋我勇气,教我忍耐,
  我们传统中的决心和骄傲;
  他给我读地理、历史和其他故事。
  他不多讲话,用行动教导了我们。

友乘

17. 友谊的纽带

特伦特学校大楼的空间太小，容纳不下众多要求入读的学生，后来便卖给了神圣安息教会的日校。原校大部分师生转到纽约法文学校，该校是一所双语学校，最高年级是五年级，位于东六十二街和麦迪逊大道交会处。

马孝骏在纽约法文学校继续教学并指挥儿童乐团。一九六四年十二月十七日，法文学校学生家长借卡内基音乐厅举行筹款义演。

"新学校对友友来说没问题，"雅文对丈夫说，"因为友友是上五年级。至于友乘，她已在布里尔利学校[①]注册

---

① 布里尔利学校，美国著名的私立女子学校。

入学。"

为了筹备即将成立的中学,学校选了从前在纽约法文中学任教的约翰·艾·拉洛为候任校长。

马孝骏和约翰·艾·拉洛有很多共通点。他们都是古典文化的继承人:一个是中国人,另一个是特里纳克里亚人①。他们都以法国语言与文化为传统,都是在传统的观念里长大,重视责任、荣誉、纪律、家庭价值、勤奋和个人尊严。很自然地,他们成为终生的莫逆之交。

马家全家福

---

① 西西里人。特里纳克里亚是意大利西西里岛的旧称。

17. 友谊的纽带

法文学校有一段时期相当成功。但是不久以后，显然学校的方针和他们的期望并不相符，而计划中要成立的中学也胎死腹中。而且，校长执行政策的方式有违他们的道德原则，最终导致两人在一九六七年五月辞去教职。

拉洛博士回到他在康涅狄格州的老家，继续从事外语教育工作。马博士则设帐授徒，给不同学校的学生私人授课，同时成立了自己的儿童管弦乐团，友友和友乘分别担任首席大提琴和首席小提琴。拉洛的两个儿子约翰–彼得和克里斯托夫，也继续以新手的身份在乐团里拉琴。

马博士最初在巴黎单房公寓里的梦想，终于成为现实了。儿童管弦乐团每年都在洛克菲勒大学的卡斯珀理堂音乐厅举行演奏会，他们的精彩演出，证明马博士教学有方。他深信"一起制造音乐"是儿童学音乐的最好方法。

每一次在演奏结束，垂下指挥棒的时候，马博士都会为两个孩子对自己的成就作出的重要贡献而由心里骄傲地笑出来。他个人的梦想已经实现了，展望遥远的将来，他期望天才横溢的友友在音乐界有所作为，成为享誉国际的大提琴家。

友乘专心练习小提琴(摄于洛克菲勒中心的卡斯珀理堂音乐厅,友乘正为儿童管弦乐团音乐会排练)

17. 友谊的纽带

CARNEGIE HALL / 73rd Season

Thursday Evening, December 17, 1964, at 8:30 o'clock

PARENTS
OF
THE ÉCOLE FRANCAISE

in

An Evening at Carnegie Hall

Diahann Carroll　　　　*Harold Rome*
Phyllis Curtin　　　　　*Arthur Schwartz*
George Gaynes　　　　　*Isaac Stern*
Alan Jay Lerner　　　　*Maria Tallchief*
　　　　　　Julius Rudel
　　　　　　　　and
THE NEW YORK CITY CENTER ORCHESTRA

Mozart	Overture to "The Marriage of Figaro"
	Julius Rudel *conducting the Orchestra*
H. T. Ma	Hommage à Bach *(for Orchestra)*
	Allegretto
	Allegro
	Allegretto
Joseph Strimer	"Biniou," French Dance *(for Orchestra)*
Arranged and Orchestrated by	
H. T. Ma	**Dr. H. T. Ma** *conducting the Orchestra*
G. B. Sammartini	Sonata in G Major for Cello and Piano
	1st Movement: Allegro
	Yo-Yo Ma, *Cello*
	Yeou-Cheng Ma, *Piano*
	"Two Tin Soldiers"
Ambroise Thomas	Air du tambour major from *"Le Caïd"*
Gilbert & Sullivan	Private Willis' Song from *"Iolanthe"*
	George Gaynes, *Bass-Baritone*

(Continued on following page)

CARNEGIE HALL PROGRAM

在卡内基音乐厅举行纽约法文学校慈善音乐会（场刊蒙卡内基音乐厅公司提供）

我的儿子马友友

(Continued from preceding page)

Massenet	Scene and Gavotte from *"Manon"*
Johann Strauss	Czardas from *"Die Fledermaus"*
	Phyllis Curtin, *Soprano*
Saint-Saëns	Introduction and Rondo capriccioso
	Isaac Stern, *Violin*

INTERMISSION

Villa-Lobos	*La Campagnarde du Brésil* from *Suite pour Chant et Violon*
	Phyllis Curtin and Isaac Stern
Tchaikovsky	*Pas de Deux* from Act II of *Swan Lake*
	Maria Tallchief and André Prokovsky
	Isaac Stern, *Violin Solo*
	ALAN JAY LERNER, HAROLD ROME, and ARTHUR SCHWARTZ play LERNER, ROME, and SCHWARTZ
Rodgers & Hart	Little Girl Blue
	Diahann Carroll

18. 以闪电速度学习

友友进了圣三一高中[①]读书。马博士现在可以把注意力转到给儿子找一个大提琴老师的事情上了。想了又想,他决定把孩子交托给著名的大提琴家雅诺什·肖尔茨。由于友友记忆力惊人,在短短两年的时光里,这位"神奇小子"就已经对许多常备曲目驾轻就熟,连他经验丰富的老师也吃惊不已,坦白承认非常喜欢这位"以闪电速度学习"的学生。

又是要替友友另外找一个老师的时候了。

艾萨克·斯特恩是位杰出的小提琴家,听过友友五岁

[①] 纽约著名私立高中,其艺术课程广受认可,被美国教育部评选为全国优秀高中之一。——编注

大的时候在巴黎的演奏。当时他已察觉到,那个被大提琴衬得十分矮小的友友是天赋超凡的孩子,是"许多许多年才会出现一位的音乐奇才"。现在友友已经九岁了。这位在苏联出生,以"支持维护美国文化"闻名于世的小提琴家,认为是时候去问问他的朋友——室内音乐合奏团演奏家伦纳德·罗斯,可不可以照顾友友。

罗斯出生在美国,年方二十五岁便加入了纽约爱乐乐团,负责乐团的大提琴独奏,并受阿尔图罗·托斯卡尼尼①之邀,出任美国全国广播公司交响乐团助理首席大提琴。他身为茱莉亚音乐学院的教授,心里无疑也暗中希望有个学生,将来可以接替他在世界大提琴家中的地位。他很高兴有友友这样杰出的学生。罗斯的梦想后来真的实现了,他曾告诉一位访问者说:"值得一提的是,我有个学生,他现在是世界上最伟大的大提琴家之一。"②他所说的学生自然指的是友友。

音乐大师罗斯很快就明白了他这位门生的期望,并了解他必须在演绎伟大音乐作品方面给友友很大的自由。两

---

① 意大利指挥家,被认为是19世纪末和20世纪初最负盛名的音乐家之一。
——编注
② Marjorie Brrett. Rocky Mountain News. Denver, Colorado, 1974-01-25.

18. 以闪电速度学习

个人虽然年龄相差很大，后来却成为忘年之交。年长的大提琴家好像严父般对待这个学生，栽培他、充实他、欣赏他。有一次，伦纳德·罗斯接受理查德·索恩的访问，他说："友友十一二岁的时候，我已经帮助他学好了最难拉的练习曲。他的大提琴技巧可能是有史以来最完美的。我自己也时常被他难倒了。"

伦纳德·罗斯可能被友友的技巧难倒了，但对一直密切关注儿子发展的雅文来说，技巧不过是家庭环境的产物。由于父亲是从分析、技巧、知性的角度看待音乐，母亲则灵巧地建议他不要忽视音乐的感人效果，友友的大提琴不再仅仅是一件有喉咙的乐器，它已经成为他身体和灵魂的伸延。

正如帕布罗·卡萨尔斯的大提琴撑脚在居所地板上划出的道道斑痕，显示出他的刻苦勤奋，友友也同样用刻苦和勤奋，像雕刻家一样，一板一眼地刻出自己的每一次进步。

19. 大提琴有把声音

雅文喜欢听舒伯特的《奏鸣曲》，它是友友和友乘常常拉的乐曲。"这是一首很美的乐曲——美得小孩子是无论如何也弹不出来的。"她说，"乐曲里深刻而强烈的感情，有经验的演奏者才能了解。年轻人不行。简直是太难了。"

尽管雅文有这样的想法，伦纳德·罗斯在茱莉亚音乐学院的一位助理导师仍提议他们姐弟俩合奏这首乐曲。

一天下午，友友正在反复练习那首乐曲自己拉的那一部分，雅文走进房里，静静地听他拉琴。友友突然停下来，抬起头来看着妈妈，无缘无故地要她唱歌。

"唱歌？"她问友友。这个突如其来的请求令她手足

19. 大提琴有把声音

无措。"唱什么？"

"唱那首《奏鸣曲》。"

虽然心里还是不明白为什么友友要她唱歌，她还是唱了。她心里想，友友要她唱歌，肯定是有原因的。

唱完以后，友友转过身来对她说："为什么你能唱而我不能唱？"

起初，雅文对他所说的话感到大惑不解。再想一下，才明白过来。

"友友，我的孩子，"她回答说，"你要记住，你还很年轻，还得在技巧方面精益求精。你要用大提琴表现出来的，是像一个经过训练的歌唱家用声音所能做到的。歌唱家很自然地就做到了。声音就在她那里，在她的喉咙里。"跟着，她指指自己的喉咙，"是自然的声音，很自然的声音。为了表达《奏鸣曲》，你得掌握正确的分句，加上完美的技巧。一个好的歌唱家可以做得到，因为她有自然的声音，她一生下来就有这个能力。唱歌要动人，一定要生动地表达特殊的感情，这是单靠文字表达不出来的。感情要发自内心。就是靠这种方法，她能够演绎和表达作曲家想要营造的气氛。

"大提琴家也好，小提琴家也好，他们都需要掌握技

我的儿子马友友

苦练给大提琴一把声音的细致技巧

19. 大提琴有把声音

巧,去表达感情。当一位好的歌唱家唱歌的时候,听的人感到很舒服。她不需要停下来想,怎么唱才行。唱歌的能力是天生的,但唱得好可不容易,要多多练习,不过总比用大提琴去达到同样的效果要容易得多。"

雅文一边讲,一边回想起当年她在巴黎音乐学院唱歌剧的情形。不过,当注意到儿子年轻的脸上愁眉不展的时候,她也说了一句安慰的话,"也许过一两年,你就会比较了解怎样去掌握那些技巧。"

母亲的话深深地印在孩子的脑海里。友友的确是努力了好几年,终于掌握了母亲所讲的那些技巧。

友友拉琴的时候,可以听到自己的声音,也同时听得到内心的声音在回响。琴弓与琴弦接触的时候,带出美妙的声音,唱出串串音符,也拉出感情的起伏。此刻,音乐已与感情浑然一体。

20. 走向特级圈子

自从一家人到加州伯克利探访过雅文的姐姐以后,转眼又过了六年。

"我想我们有钱再去一次了。"孝骏跟妻子说,"现在孩子们大了,去看看姨母对他们也好。"

一家人到了加州后,发现十三岁大的友友的音乐天才在他抵达以前就已经被人家知道了。他们更邀请他跟旧金山小交响乐团一起演出。

《旧金山观察家报》的乐评人阿瑟·布卢姆菲尔德对这场演奏会有如下的报道:

如果我说一个年仅十三岁、架着眼镜的男孩昨天走到舞台上,他的大提琴拉得如此之好,可与斯塔克、罗斯、

20. 走向特级圈子

瓦尔加、皮亚蒂戈尔斯基和卡萨尔斯媲美,你会相信我吗?但这是千真万确的事。①

对马博士夫妇俩来说,抚育一个天才儿童是祝福,也是责任。但他们谨守信念,命运之神已经为友友定了一条路去走:一条没有标识的路,引导他进入那由极少数演奏名家组成的小圈子。

成为这个小圈子的名家之一也有坏处。要求友友公开表演的邀请雪片似的飞来。不知多少音乐"神童",就是为了博取大家的赞赏而演出太多,因此白白断送了音乐前途。马博士不想重蹈覆辙。他以友友的"经纪人"自居,采用他教音乐的原则,那就是循序渐进,直至技巧成为学生的第二天性。他限制友友的演奏预约,使听众听到友友技惊四座的演出后,想再多听一些。这种限定次数的演出,可以让友友多点时间去磨练自己,以达到作曲意境和艺术演绎神合的理想境界。

马博士并不赞成奥斯卡·王尔德"越多越成功"的主张,他的智慧赢取了最后的胜利。回想过去,他会笑自己,他想起友友两岁那年,他对雅文说,儿子记性差,是个平庸之辈,将来永远也不会有什么作为。

---

① San Francisco Examiner, 1968-10-28.

我的儿子马友友

做个大提琴家并不容易

21. 燃烧的草

雅文教育儿子,音乐并非人生中唯一值得关心的问题,健康和幸福也要注意,因为他就跟别的孩子一样,永远停不下来。

在台上演奏时,他是个"神童",听众是从他的演奏去赞赏他,但他有人性的一面,有个人的一面,在许多方面跟其他同年纪的儿童相差不大。他一样喜欢冒险,但不同的是,他不被允许参加任何可能使双手受伤的活动。

十二岁大的孩子都喜欢日上三竿才起床,做母亲的都太明白这一点了。友友也不例外。明知不会成功,雅文还是试着叫友友起床:"友友,醒来吧,六点了。"

"好,妈妈!"

十五分钟过去了，友友还赖在床上。

这一次，雅文把他从睡梦中摇醒了。

"好了，妈妈。我一分钟内就起床。"但暖暖的床太诱人了，实在难舍，友友把头往枕头下面再埋深一点。

孩子再没动静的话，雅文就会走进他房里，把被褥掀到一旁。这个方法，百试不爽。

早饭前的半小时，友友必定练琴，妈妈就准备点他喜欢在大清早吃的烤面包片、薄煎饼，或者是中式早点。跟着，友友就上学去，到他从法文学校毕业之后就读的学校。

下午放学以后，雅文一般都给他点心和饮料，他特别喜欢喝的是含有丰富维生素 C 的冰葡萄汁。然后是一小时练习大提琴，两小时左右做功课，或者用中文写日记。七点吃晚饭。

友友晚饭后的消遣是看半小时电视。他最喜欢的节目是《草原上的小木屋》和《丹尼尔·布恩》。

每当友友做了错事，父亲通常除了打屁股之外，就是以不准看电视作为处罚的手段。

电视机放在饭厅里，马博士吃饭时的位置对着电视机，背向厨房的门，而友友被罚的时候就是站在厨房的门口。不过友友总可以"逃脱"处罚，方法是确保门微微开

21. 燃烧的草

着,让自己可以透过缝隙偷偷地看电视。

雅文早已留意到了友友发明的方法,不过从来没有让丈夫知道,只希望他不会转过身来看到就好。

晚上余下的时间用来做作业、温习功课准备测验,或者多练点琴,九点半到十点左右就上床睡觉。十二岁的时候,友友可以迟睡一个小时,到十一点再上床。对友友来说,当他只有两个星期去记一首奏鸣曲的时候,通常会利用这额外的时间集中练琴。

马家住在东九十四街一座大厦五楼的一间公寓里。马博士教琴的地方是在三楼。友友晚上在这个地方练琴,父亲有时候就睡在隔壁房间。

孝骏在半睡半醒之间听儿子练琴,一听到他拉错了音,就会叫他反复地练习,直到完全准确为止。为了避免被父亲批评,友友拉得很轻很轻,不想吵醒他。雅文话中有话地维护友友说:"这就是为什么友友在'非常轻音'的地方拉得这么好。"

为了给孩子多点新鲜空气和运动机会,她习惯带他们到中央公园。友友在那里的草地上蹦蹦跳跳,爬大石。

在一个阳光灿烂的下午,雅文坐在长凳上和友乘聊天,友友就在离她们不远的一些大石后面玩。突然间,雅文看见火苗冒出来。"啊，mon Dieu——我的天啊！——我的友友在那儿。"她心一下乱了，立刻跑到出事地点。友友在那里一点也没有受伤，静静地看着火在轻风的吹拂下烧开去。雅文站在那里不知所措，正想要大声叫人帮忙的时候，三个年轻的小伙子赶到，把火扑灭了，令她松了一口气。

心情平复下来之后，雅文问友友："这个火是不是你点燃的？"她记起儿子有个同学，以前曾经随口提过友友口袋里有火柴。

友友答得很直截了当："妈，我烧干草不过是闹着玩。我没想到这么危险。我看到草着了火，不知怎样扑灭它。等到火开始烧开去，我害怕起来了。"

"友友，"母亲警告他说，"你知道，我一定要告诉你爸爸。"

友友吓得浑身发抖。他知道自己应该受罚，但仍然……

"妈，求求你，"友友恳求说，"求求你不要告诉爸爸。"

雅文一方面觉得处事要公正，但另一方面，维护孩子也是母亲的天性，一时间不知如何是好。她用严厉的眼光看着友友。

"如果此事我不告诉你爸爸，我怎么知道你将来不会

21. 燃烧的草

再犯?"

"妈妈,我向你保证,我向你保证,我以后再也不会做这些事了。"他轻声颤抖地说,温顺得像只羔羊。

她心软了,不过还是加了一句:"你千万不可再犯了,不然的话,我只好告诉你爸爸,不单单是这件事,还有你其他我以前没有跟他讲的错事。"

"呀,妈妈,谢谢你,谢谢你。"友友遵守了诺言,而他爸爸也从来不知道中央公园那块大石背后,究竟发生过什么事情。

"可怜的爸爸,"雅文告诉当时已经跟她很熟悉的拉洛夫妇俩说,"他从来没有发觉这件事情,我也不忍心告诉他。孩子做错事,他就会很生气。"然后她带点正经的口气说,"这就是为什么我的头发白得比丈夫快得多。"

雅文头发虽然有点白,但她看起来年纪没有那么大,说话的时候,声音里总带着一种年轻人的特质。

"男孩子终归是男孩子,友友总是贪玩。我们不让孩子广交朋友,或者在外面参加太多的活动。友友和友乘没时间去做这些。在美国,到处都有各种各样的活动,学校活动、舞会、花很多时间在电话上聊天,更不用说体育运动了。我的孩子们很少有空闲的时间。学校里的功课、上音乐课、学习中文和法文已忙得他们团团转。"跟着，雅文说了一段带有哲学意味的话："我想天下的父母都是按自己的理念去塑造儿女的。这是好还是坏？谁能讲得清哩。也许做父母的跟时代脱了节，但长远来看，好的、实在的价值是适应所有时代的。父母只能凭良心，用他们认为最好的方法去教育儿女。作为儿子，友友明白我们的方法，也知道我们想要得到些什么，而他自己也赞成这样做。不过，当他再长大一点的时候，就难说了……"

22. 难忘的一天

夏天到了!学校停了课,大部分的儿童在度假,所以马家一家四口可以在拉洛夫妇位于康涅狄格州的家里住几天。两家人互相探访的次数越来越频繁了:马家一家人喜欢吃意大利菜,拉洛一家人对于雅文巧手做的粤菜和孝骏做的四川菜也非常喜欢。

下午一点吃完午餐以后——欧洲人惯常的正餐时间——两家人就喝杯茶享受一下。茶是马博士有一次到香港的时候买回来的。友乘现在已经是个十五六岁的小姑娘了,她和大人留在屋里,友友就和拉洛夫妇的幼子克里斯托夫到地下室去玩游戏。

从楼上所听到的声音来判断,孩子们无论在做什么,肯定已经是无法无天,需要干涉一下了。拉洛博士怕马博士怪责友友,朋友间的话也没说完,就跑到地下室去,发现两个人正在抓着热水管,像荡秋千一样荡来荡去。他直接就厉声骂克里斯托夫,要小儿子立刻下来,但没有骂友友,以免使其难堪。两个小家伙立刻就像出膛的子弹一样,跑到二楼睡房里避难。房间里还有文静的约翰-彼得,一共三个人了。

拉洛博士以为孩子们的精力已经消耗完,自己的喝骂也收效了。他真是大错特错。

饭厅的天花板开始摇动,像轻微的地震。餐桌上方吊着的水晶枝形吊灯开始有节奏地摆来摆去。麻烦可越来越大了!拉洛博士跑上楼去,用力把门打开。房间里头,他的两个孩子可真的乐透了,用枕头跟友友对打,玩得脸红筋涨。他再次直接责怪克里斯托夫,怪其挑起麻烦,但他一点也没有责怪友友。不过他话还没有说完,三个顽皮精又拔腿抢着冲向房门口,飞跑到屋外面去了。

马博士虽然尽力掩饰,但拉洛博士仍看得出他感到很大的耻辱,为了息事宁人,就劝了客人一句:"男孩子总归是男孩子。"他们有太多的精力要消耗。紧张感消失以后,气氛恢复了和平和宁静。

22. 难忘的一天

友友后来寄了一张条子给拉洛博士一家人,从中可以看得出他爱好公平的天性和压抑不了的幽默感。

拉洛博士、拉洛夫人及家人如见:

我要"谢谢"你们邀我到府上,把我当家里人。但这样说又不对,因为虽然有时我觉得自己好像是你们的家里人,你们却没有像对待家里人一样对待我。如果我没记错的话,你们一次也没有叫我做过什么,一次也没有骂过我,我甚至没办法跟任何人吵嘴。为此我感到惭愧,所以一定要"谢谢"你们一家人让我住在府上,也"谢谢"你们令我这么愉快和满意。

友友谨上

"这一次让我们拉好它。"友友越过克里斯的肩看过去,约翰-彼得则继续拉琴

后来有一次他们到拉洛家里做客的时候,又发生了一件意想不到的事情。

拉洛在康涅狄格州的家附近有条河。这条河现在已经被污染了,以前可不是这个样子。河里有很多鳟鱼,克里斯托夫喜欢在这里钓鱼。马博士一听到克里斯托夫邀友友一起去钓鱼,就很紧张。鱼钩可能会令友友双手严重受伤,于是严厉地命令他说:"友友,你无论如何都不能搞那些鱼钩,太危险了。"

克里斯托夫了解马博士的担忧,但年轻人做事往往冲动,不顾后果。克里斯托夫见到友友双眼充满失望的神情,感到很难过。但友友什么话也没有说,他已习惯了父母亲不让他参加可能会断送他音乐生涯的活动。

"我们到公园散步行不行?"克里斯托夫问马博士。

"可以,"马博士说,"到公园走走对你们两个都好。"

克里斯托夫的爸爸把儿子拉到一旁,再次警告他:"克里斯,不要耍什么花招。你可得小心。"

两个孩子沿着河的北岸走向公园。途中,碰上了克里斯的朋友吉姆,他正把鱼钩抛到流水里去。克里斯双眼亮了起来,他说:"友友,我有个办法。我可以借吉姆的鱼竿,钩上鱼饵后交给你。鱼吃饵的时候,竿就会弯,你就

22. 难忘的一天

收线,把竿交给我,其余的事由我来做。这样,你就不会碰到鱼钩,我们也没有违父母之命。"

那一天对友友来说,是难忘的一天,他享受到了"垂钓"的乐趣。

马博士从没有发现两个小朋友一起策划的逃避方法。这不是友友第一次做了"坏事"不让别人知道,也不会是最后一次。

在河边钓鱼

23. 跟"Y"说再见

寒假终于到来了！经过一番企盼，拉德克利夫学院的寒假开始了，有机会让友乘抛开书本和紧迫的医学预科课程。她没办法多花宝贵的时间去拉自己心爱的小提琴。她期望和家人团聚，享受一下无忧无虑地练琴的乐趣。

她跟友友很亲近，友友连日常生活里最琐碎的事情也告诉她。今天是星期五，是她弟弟每周最期待的日子，因为这是友友应该去"Y"那里游泳的日子。但他好像不准备去，她觉得很奇怪。游泳给手臂和背部肌肉以非常必要的放松和治疗，也是消除烦恼的有效方法。通常不需要人家提醒，也不需要人家督促，友友就会去做这项运动，到"Y"那里去游泳给他很大的乐趣。

23. 跟"Y"说再见

是不是弟弟碰上了麻烦？他是不是生病了不能做运动，但又不想给父母知道？父母亲总是担心这一点。不过，猜来猜去老是不得要领，所以友乘决定直截了当地问问他。

"没有啊，姐姐，没有什么事情。我很好。不过我对游泳已经没有兴趣了。"他用就事论事的口气跟姐姐说。

友乘太了解弟弟了，不会相信这个简单的解释，但她没有追问下去。也许妈妈会知道。

雅文也不知道。"我问他今天早上是不是要去'Y'的时候，他平淡地跟我说'不去'。他还跟我说再也不会去那里了。"雅文停下来，考虑周详地说，"爸爸不知道这件事，你千万不要跟他讲。"

友乘深知，弟弟不去游泳，绝对不会是一时心血来潮。她追问友友，要他说出真相。"友友，"她用姐姐的口气开腔说，"你从来什么事情都跟我说。你知道我是信得过的。说给我听听，究竟发生了什么事情？"

不是不信任而是太尴尬了，所以友友犹疑了一下。但既然真正的原因大家迟早会知道，而友乘一直是他信任的人，友友最终说出了事情的真相。

友友在泳池里一圈一圈地游的时候，有两个家伙在盯着他东方人修长、肌肉发达的身体，在更衣室里也盯着他。毫无疑问，友友友善的微笑和个人的魅力吸引了他们。但他们可能连那种微笑也误解了。友友一向是个非常友善的人。在过去几个星期，他们如影随形地跟着友友。友友是个十五岁的少年，完全不知道自己的身体对他们产生了吸引力，还以为他们只是想交个朋友而已。直至有一天，友友在更衣室里跟他们其中一个单独在一起的时候，才发觉原来不是那么一回事。

那个陌生人看着友友用毛巾擦干身体，一双灰眼睛只管盯住友友青春的身体。这是友友有生以来第一次感到浑身不自在。他连头也不敢抬起来，匆匆忙忙地穿上裤子。但一抬起头的时候，就看到那个陌生人正好站在他的面前。友友一句话也不让那个陌生人说，他已经很清楚这个人想做些什么。友友感到又害怕又讨厌，一手抓起其余的衣服，一个箭步就飞跑到出口，发誓永远也不再去"Y"游泳了。

雅文不知内情，所以为这件事感到很苦恼，特别是要缴的年费已经全付了，连想退回部分余款也不可能。她认为友友太任性，太懒了。他们哪里有钱可浪费呢？

后来，真相大白，雅文后悔曾经怪他懒惰，也理解了

23. 跟"Y"说再见

为什么友友不想,也感到难为情和她讲这件事情。

雅文像前几次一样,没跟丈夫说起这件事,认为还是把它藏在心里好一些。

24. 关于乐评人和乐评

　　从马家五楼公寓客厅的大窗，可以望到一大片天空。雅文从玻璃窗格后面望出去，看见一只鸟独自低飞，掠过窗前，然后加快拍动双翅，冲上云霄。她瞪着眼睛，想在小鸟飞出视线之前看清最后一眼。"孩子就好比小鸟，"她叹口气说，"他们不喜欢被人家困在笼子里。"

　　这个比喻使她想起了一个故事。故事的主人翁有一只长尾鹦鹉，名叫费加罗。他习惯让它走出鸟笼，在高阔的房子里飞来飞去。这只小家伙养成一个习惯，就是突然飞扑到主人的肩上，亲切地轻咬他的耳朵。这位独居的主人觉得很惬意，很喜欢这个满身羽毛的朋友给他带来的享受。

24. 关于乐评人和乐评

在一个夏日,主人带了费加罗驾车到郊外去。他心里在想:"如果我让它尝尝自由的滋味,结果会怎么样呢?"他打开鸟笼的门,哄鸟儿出来。费加罗起初犹疑了一下,慢慢地,它展翅飞了起来。它一下子高飞,一下子低飞,然后在空中绕圈,最后消失在天际。主人看到鸟儿飞走了,万分惆怅。它会飞回来吗?他心里想。

太阳快要下山了,但还是见不到费加罗的影子。主人于是悔不当初。他也许做得太鲁莽了,这件事会令他后悔一生。他开始惦念一直陪伴着他的费加罗。他走向附近的一棵树,把笼子挂在树上,把门打开。然后他就像平常一样,大声地呼唤鹦鹉,却还是见不到费加罗的踪迹。夜幕开始低垂,天际一片灰暗,寒风凛冽。主人感到又伤心又孤独。

正当他安慰自己之际,他看见一个小东西飞进鸟笼里。他心爱的宠物觉得饿了,回到家里来了。

这个故事触动了雅文的灵魂深处,使她想到自己的儿子。友友越长越大了,而从报纸上所看到的乐评来判断,他成功的演出很快会使他离开家庭,到曼哈顿以外的地方去表演。他迟早一定要自立的。但她希望友友像那只鸟一样,会回到"巢"里来。他在亲密的家庭和文化关系中长大,这些已经生了根,她对这点是毫无疑问的。他受到公众注意,但肯定不会改变他美好的个性和对家庭的热爱。

雅文坐在椅子上,仔细思考乐评人对于一个要成为演奏家的人究竟有多大的影响。她已经从儿子的音乐生涯中了解到,乐评人的地位举足轻重。

音乐家刚刚展开职业生涯的时候,一般都对笔杆子的力量既敬且畏,惶恐终日,担心别人对自己的演奏有不好的评论。一两个劣评,足以令声誉受损,好几年也恢复不了。乐评人可以令他们成功,亦可以令他们失败。后来他们终于学会了泰然处之,接受好评,也接受劣评,但害怕乐评人的心理始终挥之不去。友友很早就懂得这个道理。

演奏会或者音乐会结束以后,友友和妈妈会在深夜跳上出租车,去时代广场买第二天早上才发行的各种报纸。司机在旁边等,他们会很紧张地翻阅报纸,直至找到乐评那版为止。

有一次,乐评把他写得很好,称赞这个年轻的大提琴家,暗示他肯定要成为将来的帕布罗·卡萨尔斯。母子俩看了心花怒放,上了出租车叫司机载他们回家。车到了家,友友给了司机一张十块钱的钞票,叫他不用找钱了。

司机走了以后,雅文转过身来问友友:"友友,你为什

24. 关于乐评人和乐评

么给他那么多钱？你疯了？多给他五块钱已经足够了。"

友友像平常一样，一脸仁慈地微笑，回答说："妈，一个人开心的时候，也想跟别人分享一下。"

她还能说什么？她知道友友是个非常慷慨的人。

有时候，雅文早上四五点就起床，赶去买报纸，看看乐评人对于友友前一天晚上的演奏说些什么。大清早，街上一个人也没有，虽然她也听过区内犯罪情况惊人，但她太想看乐评了，顾不了个人的安危。不过，在电视新闻里看到谋杀、拦路抢劫、肆意搞破坏、袭击无辜人士的报道，使她觉得冒生命危险去买报纸是很愚蠢的事情，一定要想其他办法……

雅文知道楼下的住客是报纸速递服务的用户，速递公司一大清早就会把报纸放在公寓大门后面。因此她会静悄悄地，蹑手蹑足地走到楼下，捡起报纸，紧张地翻到乐评版，很快地看完那些乐评文章，然后，小心翼翼地把报纸以原样放回去，再走回楼上去。

友友醒了的话，她就会顺口说："乐评都说你好呀。"

"妈，你怎么知道？现在还早哩。"

"我刚看过报纸。"她会随便地答一句。

"让我看看。"

"我手头没有报纸。"

后来,雅文坦白地告诉了友友实际的情形。

她一边讲,一边也知道如果楼下的住户打开门,看见她在偷看报纸,那可就难为情了!

当然,她本来可以等等,迟点再去买报纸,这样做才合理。但这种等法太辛苦了。而且,一涉及儿女问题,做母亲的总是没理由好说的。

25. 罗斯特罗波维奇大提琴的撑脚

罗斯特罗波维奇是一位备受推崇的俄罗斯大提琴家,拉琴时有一种难以抑制的魅力。他正在电视上演出,爱好古典音乐的人士都如痴如醉地坐在电视机前,一边看他拉琴,一边全神贯注地感受乐器经由大师的艺术演绎所传达的柔和动人的音乐。雅文当时也是其中一个电视观众,她想象儿子取代了罗斯特罗波维奇,拉奏同一首海顿的《C大调大提琴协奏曲》,不知道友友会不会有一天像罗斯特罗波维奇一样,成为著名的大提琴家。

当友友告诉她,这位大师会在他就读的茱莉亚音乐学院,给大师班的学生上两堂课的时候,雅文满足的心情是不言而喻的。当时友友还在跟伦纳德·罗斯私人学拉大提琴。

"你去不去上他的课？"他母亲问。

"呀，妈妈，问得真好。你想我会错过这个难得的机会吗？实际上，我决定两堂课都上。"

雅文听了很高兴。这位享誉全球的艺术家，值得人家给他这种尊重和崇敬。他全心全力把表演艺术提升到崇高的地位，为青年人树立学习的榜样。不过，她认为上一节大师班的课已经足够了，友友却有不同的见解。

友友坐近表演台，满腔敬意，如饥似渴地倾听每一个音符，留意罗斯特罗波维奇手指移动的每一个动作和他挥洒自如的弓法。还有一样东西被友友发现了，一样别人肯定没有注意到的东西。罗斯特罗波维奇的大提琴撑脚是经过特殊处理的，弯曲的角度使拉琴的人可以把乐器倾斜到几乎和地板平行。这样拿琴可以让他身体向后靠，姿势也比较舒服。其实这个方法也没有什么特别：几乎每个大提琴家把琴放在两腿中间的时候，都有自己的一套做法，以便于控琴。但是大部分的大提琴家，包括友友在内，都用直的撑脚，使拉琴的人身体不得不向前倾。友友对这个弯撑脚的印象非常深刻，要父母也替他换个弯的撑脚。

"儿子呀，"马博士说，"你可知道换撑脚对我们来说

25. 罗斯特罗波维奇大提琴的撑脚

是很大的开销。花八十块钱去搞这个实在是太贵了。"但这个小伙子再三恳求,最后还是如愿以偿。

当友友跟伦纳德·罗斯上课的时候,老师留意到撑脚改了。

"这是什么来的?"他一边问,一边用手指指着撑脚。

"呀,这个?"友友回答说,心里奇怪这个小改动这么快就被老师注意到了。"这是我的新撑脚。用这种姿势拉琴使我觉得很舒服。"

老师也没有再问什么了。

第二个星期,师徒俩又讲起撑脚的问题。但这一次罗斯先生说得很清楚,绝对没有误解的余地。"我认为你应该改用原来的直撑脚。"对友友来说,这等于一道命令。

在此期间,茱莉亚音乐学院里其他的学生看见友友大提琴的撑脚弯了,也跟着把自己的撑脚弄弯了。他们心里想,友友绝对不会无缘无故把撑脚弄弯的。

友友回到课室里,同学们见到他大提琴的直撑脚,都觉得很奇怪。

他们有没有也改过来呢?

这个,让我们想象一下吧。

26. 文化危机

在巴黎，孝骏一方面适应法国文化，一方面仍然保留了中国人的生活方式。一家人在纽约市安顿下来以后，他估计第三种文化对于自己、对于家人都不会有什么大问题。在家里，一家人还是继续讲中文；在餐桌上，吃的基本上还是中国菜；公寓的装饰也反映了东方色彩。

传统教育认为子女要服从父亲，不得有任何异议。马博士视友友为父母的延伸，也要求绝对的服从。友友的行为举止，外面的人怎样看他，在在反映出家庭的完整性。

友友在家里时，一切都很好……可是在外头，这个易受人家影响的小孩，面对的是一套套互相冲突、一片混乱的道德价值观。

26. 文化危机

十五岁时的友友

我的儿子马友友

友友在纽约长大，不可避免地发觉自己跟要求孩子须服从权威、讲究长幼有序的传统文化格格不入。他现在身处的是一个崇尚个人权利的自由环境。

友友在巴黎出生，父母亲都是华人，在花都①住到七岁，才跟随家人搬到曼哈顿。暑假时，又跟家人一起回法国。当时友友年纪还小，亲近家人，应付文化差别并不困难。不过他一长大了，看到别的年轻人的所作所为，就越来越发觉自己"与众不同"。而且同辈的压力越来越大，要他成为他们的"一分子"。这种压力渐渐变为内心良知的争斗：他三重文化的背景反而成为一种负担。

他爱父亲，这点是不容置疑的；不过他也害怕父亲严明的纪律和固执的作风。友友虽然欣赏父亲的主张，但并不是经常同意他的价值观。长大一点以后，这种压在心里的冲突就爆发出来了，从五年级开始，友友有时逃学。念高中时，经常一个人走一大圈路说是要"摆脱烦恼"。

友友上高中以前，还得应付另一个难题：苦闷。他在曼哈顿儿童专业学校念书，学习能力比同级同学强很多。幸好这个困扰很快就解决了，因为学校立刻安排他念速成班，让他十五岁就毕业了。

---

① 巴黎的别称。——编注

26. 文化危机

友友拿到高中文凭后，就到茱莉亚音乐学院念书。第二年的夏天，他到阿迪朗达克山的梅多布鲁克参加伊万·加拉米安的音乐夏令营。终于离开了家，摆脱了父母的权威，友友尽情地将压抑的情感抒发出来，对抗权威。用他自己的话来说，是"荒唐胡闹"。他不参加排练，无论什么天气都粗心大意地把大提琴放在外面，半夜还去"胡作非为"。

一直到后来，当他在茱莉亚音乐学院念书的时候，才意识到自己的行为影响巨大，危及自己的前途。

27. 反叛

雅文非常担心这个十来岁的儿子,也许她是过虑了,但这是儿子人生里的关键期。夫妇俩对友友的确是保护过度了,以致他对父母亲的提醒和劝告也感到不满。

"你们太过担心了。"他告诉父母,"我完全可以自己照料自己。"

"但是我们生活在艰难时世。"父母反复叮咛,要他记住外面的世界有各种各样的危险。

雅文担心友友受到一些同龄朋友的不良影响,结果损害他自己和他的音乐生涯。

"你一定要非常小心,"她警示友友说,"忌妒心可以造成很大的伤害。"她想到的是一个大提琴学生,他已经成为友友的好朋友。"我很明白为什么一个同班同学会忌妒你。我是他的话,也会这样。"

母亲说话的时候,友友做了个鬼脸,不过她还是继续说下去。

"或许你应该考虑不再跟他来往。"

友友很生气。"妈妈,你总是往最坏的方面想。我已经不是小孩子了,我知道自己在做什么。"

"你这样想我很高兴,不过你在了解别人方面还得多多学习。"

雅文的担心,后来证明是有根据的。

友友有个朋友,年龄比他大,拉琴的日子比他长,表演的曲目也比他多。但他总是叫友友去选曲,然后一起拉。友友对朋友根据他的意见来选曲感到很开心,所以完全信任他。可惜这个年纪比他大的人喜欢喝酒,也拉友友跟他和他的朋友一道去喝酒。这对于年轻的天才来说,是一种新奇而刺激的体验。他跟这班人相处和睦,觉得自己成熟了很多。他弄来了一张假的身份证(他当时还未到买酒的法定年龄),让他可以买酒和跟其他志同道合的人一起狂欢作乐。

在家里,自然从来没有人察觉他在外面搞些什么,直至一个星期五的下午……

28. 一个星期五的下午

每个星期五下午四点,马博士都会准时去曼哈顿的圣心学校,跟他自己创立的儿童乐团排练。他正在排练快要在洛克菲勒学院卡斯珀理堂音乐厅举行的周年音乐会。儿童乐团成员的年龄从四岁到十五岁不等,都得严守纪律。排练准时开始,不准以任何理由迟到。

这个星期五,非常不寻常地,友友明知乐团少了他就不能排练,可是也没有来,而孩子们拉的古典乐曲目是需要他来领导的。

十五分钟过去了,三十分钟过去了……

雅文经常帮丈夫料理排练的事宜,此刻也很担心。儿子一般不会令父亲失望。友友不来怎么办?一想到这里,她就心寒。她一想到这天晚上家里肯定会出现的场面,就担心得连胃口也没有了。时钟的指针,跟平常比似乎走得特别快,已经下午四点四十五分了。雅文一直望着入口的方向,希望友友会赶来。最后,真的有人出现了,是学校的接待员。她拿着一张条子,走到雅文面前说:"马太太,有你的电话。"

"有没有说是谁打来的?"雅文问,声音有点颤抖。

"没有。只说是找你。"

雅文急忙去接待台拿起听筒,吓得心跳也停了一下。在电话的另一端有个声音问:"你是马太太吗?"问的人是茱莉亚音乐学院的一个学生。"别害怕。"声音细得几乎听不到,"你的儿子被送到罗斯福医院的急诊室了。"

"Mon Dieu!(天哪!)"雅文喘着气说,脑子里只能想到这两个字,其余的都卡在喉咙里吐不出来。然后,仿佛从心灰意冷中恢复了过来,她说:"发生了什么事?我的儿子没事吧?"

"马太太,请镇静下来。他现在没事了。他不过是喝多了酒。"

雅文吓了一跳。

"他还年轻,"对方主动劝她说,"需要时间去成长。"

28. 一个星期五的下午

雅文在丈夫面前压根没提这件事,就发狂似的冲出大楼,叫了辆出租车,半小时不到就到了急诊室。

"他没事。"医生向她保证说,"我们替他洗了胃。"

雅文走到儿子床边,仁慈地看着他,她只能说:"友友,友友,为什么,这究竟是为什么?"

聚精会神(在洛克菲勒中心的卡斯珀理堂音乐厅,友友正在为儿童管弦乐团音乐会排练)

29. 顾全面子

那天晚上，雅文决定告诉丈夫有关友友被送到医院去治疗这件事；因为事情非同小可，她是回避不了的。既然他迟早一定会知道，那还是由她来告诉他好了。她知道丈夫一定会因为友友让家人蒙羞而感到非常痛心。

她拉丈夫到客厅里，在那里别人听不到他们说什么。"我有件事要告诉你，"雅文开腔说，"但这一次，我请你听我讲完了再说话。"她告诉了丈夫为什么友友没有来排练。"他现在还不太舒服。不要处罚他。他已经受够了。你罚他的话，情况可能会很糟糕，比现在更糟糕。但如果你把事情交心坦诚地处理，他可能还会改过来。他年纪还小，会改的。我了解儿子，我了解他。"她的心在狂跳。

29. 顾全面子

她真的了解他吗?

丈夫站在那里,好久都没说一句话,像块石头。他从来没有想到,这样的事情竟然会发生。

"那你说我们怎么做才好?"平常碰到这样的情形,他是不会保持冷静的。但这一次他的感觉完全不同。音乐是一回事,父爱又是另外一回事。

"首先,"她说,"我答应了友友不会告诉你所发生的事情,我不想他对我失去信任。但迟早你会知道的,我想最好还是由我告诉你。"

她讲了友友喝酒的事,讲的时候,还为丈夫得知此事虚构了一个简单而又合乎情理的缘由。当见到儿子时,马博士要说当他站在地铁月台上等车的时候,碰到了友友的一位同学,同学问他说:"友友好吗?他离开医院以后,我们还没有在课堂上见过他哩。"马博士要装作他就是这样才知道儿子进了急诊室这件事。

雅文知道丈夫人很聪明,禀性仁慈,也关心别人。但她也留意到他容易生气。

"你得非常冷静,"雅文提醒他说,"不要处罚友友。我会站在你这边,假装听到你跟友友说的事情以后感到很惊讶。这是处理问题的唯一方法。"她下了结论。

"你说得对。"他跟雅文说,"有时候,朋友会变成敌人。友友还有很多东西要学。"

马博士走过去跟友友说话,态度宽厚,和他讲道理。"友友,可能你自己也不知道,我排练的时候很需要你,所以当你没有来的时候,整个乐团都受到了影响。你让孩子们失望了,这对他们是不公平的。"

父亲的话产生了预期的效果。友友明白了自己对别人是要承担责任的。他从来没有打算要伤害任何人。他的性格不是那样的。由于父子俩都极力去了解对方的想法,一场冲突就此避免了。

"也许我在吃饭的时候饮杯酒,对你是不公道的。"马博士下结论说,"我可能在不知不觉间,给你做了个坏榜样。由现在开始,我不再喝酒了。"

父亲突然改变的态度及冷静处理危机的方式,对这位敏感的青年产生了预期的效果。友友不想父亲连这种无害的享受也没有了。

"这样做不好,爸爸为了我而罚自己是完全不对的。"友友后来跟母亲说。

在内疚感的驱使下,友友答应父亲永远也不会再乱喝酒了。他"去除劣习"就是对父亲表示爱和欣赏的方式。

29. 顾全面子

过了好几个星期,雅文正静静地坐在房里听友友练琴。突然间,他停了下来。

"妈,你说得对,我早就应该听你的话。"

"听我的什么话?"她反问说,完全不知道友友指的是什么。

"还记不记得你说的有关忌妒的话,和那个我以前跟他一起拉琴的家伙?"

她记得。

"呀,我最近从一位朋友那里知道,他到处去诋毁我的音乐事业。"

此时并不是告诉他"我早已跟你说过了"的时候。她只是说:"友友,这是你自己的错,不应该怪任何人。你知道原因吗?因为每一次你们两个人跟罗斯先生上完课以后,你总会跟他说:'罗斯先生告诉我,你的琴拉得很好。'你对他是好意的,不过你的话给了他一个错觉。如果你没有说得他这样好,可能他不会这样忌妒你或者怀恨在心。他不会梦想跟你有同样的地位。"

她打个比方说。

"假如,假如我不会讲意大利文或者是法文,那些会讲意大利文或者是法文的人怎么会忌妒我呢?但如果我精通这两种语言,而另一个人不精通,这就构成充足的理由使他忌妒我,渐渐地恨我。在无意中,你捏造了罗斯先生告诉你的话,是给了他一种错误的鼓励。那位同学相信你,是因为他想相信他和你是没有差别的。这就足够使他对你怀恨在心,想削弱你的能力。他决心要超越你的时候,就装成是你的朋友,迫你养成喝酒的习惯。"

友友一直在听,没有插嘴。然后摆好琴弓,继续练琴。

30. 显赫的"链环"

假如友友的祖母没有坚持儿媳妇一定要多生个孩子，谁又会晓得事情会怎样发展？友友可能永远没有被生下来。可怜的老婆婆！她没活到看见孙儿成为世界伟大的大提琴家。病了四个月以后，她在友友第一个生日那天去世了。

雅文的生活艰苦，丈夫的也是。她放弃了歌唱事业去抚养两个孩子，在静下来的时候，她会想，是不是自己也可以有很成功的音乐事业，不过她从来没有后悔自己所做的牺牲。

她是一个关心孩子的母亲，跟儿子一道分担他在成长过程中面对的挑战。友友并不时常遵守人家给他的行为准则，不过，经过父母的提醒和自我检讨，他终于明白不能再做十来岁那段时期做过的坏事了。

音乐界里好几个曾经启发他、指导他或者影响他的人现在已经作古了，不过他永远不会忘记这些使他取得成功的"链环"。雅诺什·肖尔茨在比利时籍小提琴家阿瑟·古米艾斯的推荐下，接受了这位年轻的天才做他的私人学生，免费教导友友达两年之久。师徒分手时都很伤感，这是可以理解的，不过当时友友需要入读茱莉亚音乐学院，开始跟伦纳德·罗斯习艺。

亚历山大·施奈德将友友介绍给帕布罗·卡萨尔斯，而卡萨尔斯又使友友受到伦纳德·伯恩斯坦和伦纳德·罗斯的注意。罗斯后来成为友友大提琴的主要导师，教他这位年轻的学生"人琴合一"之道。

在霍华德主持的访问中，友友引用他一直视作亦师亦友的罗斯先生给他的忠告："拉琴时，一定要把乐器当作是你身体的一部分，琴弦发出的声音就是你的声音，琴身就是你的肺。"

有人说音乐家是天生的，天才是训练出来的。这个不言而喻的道理很适用于友友身上。他出生于音乐之家，注定一开始就光芒四射。由大提琴流淌出来的音乐，就是他灵魂的声音；音乐这一语言，是思想理解得到、心灵感觉

30. 显赫的"链环"

得到的世界语言。艾萨克·斯特恩第一次听友友演奏时，友友才五岁，后来他邀请友友成为现在已经很著名的室内音乐合奏团"艾萨克·斯特恩与友人"的一员。他强调音乐家要"以弓臂作为引导，但让耳朵作为动因"。友友通晓并做到了这点。

友友拉琴悦一己之耳，也成功地悦了听众之耳。用雅文直截了当的话来说，听众和他互相交流。"听众和他打成一片；他呼吸，听众也呼吸；他停下来，听众也停下来。友友沉醉在音乐中，听众也沉醉在音乐中。问题不在于听众沉醉的程度，而在于他的演奏令听众沉醉的程度。这就是艺术家和听众打成一片，那个特殊而迷人的时刻。打从童年开始，友友已经有吸引别人和感动别人的力量。当人家分享他的音乐感受时，他就很愉快。听众忘我，在美乐中心荡神怡之际，他就欢喜若狂。因为友友拥有绝顶天赋，能够深入作曲家的思想和心灵，然后把感受传送给与他完全融合一致的听众。"

乐评人也没有忽略听众的反应。威廉·穆特茨写道：

这位年轻的美籍华人以冰山也融得掉的微笑，在台上奔驰。一个音符还没有拉，听众已被他吸引。拉了几分钟琴以后，我们全都陶醉了。①

雅文受过歌剧演唱的训练，有没有教儿子表演的台风？她说没有。不过，从友友身体的移动来看，是有舞台表现手法的。雅文补充说这些都是友友自发的动作，是他观察力强的结果。"他的动作不是经过排练的，也不是什么花招：就他的情况来说，动作提高技巧。如果一位歌剧演唱家要增强声音的可闻度，"雅文解释说，"表情帮助她把声音传达给听众，'拉'听众到歌剧里面来。这正是表演者的目的：把大众'拖'进来。友友以特别的技巧和自发的动作，将大提琴的'声音'传得很远。听众被迷住了，很感动。"

在台上，友友令听众欣喜、兴奋和痴迷，演奏完毕，这些依然绕系听众心间。他演奏的方法令他和观众融为一体，"把观众'邀请'到台上，充分了解他"，产生一种精神相通。不然的话，大可听他的录音就行了。

友友时常叫妈妈听听他对同一乐曲的两三种演绎。

"友友，我对大提琴几乎是一无所知，这点你是知道的。"

---

① Louisville, Kentucky. The Courier Journal, 1974-02-02.

30. 显赫的"链环"

"我知道,但你懂得唱歌。告诉我你最喜欢哪一种演绎。"

无论她选了哪一种,友友都会叫她解释理由。

"我选它是因为它简单。我喜欢简单的东西。"她会这样回答。

于是友友就会练习这种演绎方式。

雅文很担心自己的选择。"我要是选错了,对他的音乐生涯会有什么影响呢?我会因此良心上过不去的。"

丈夫也感到替友友下决定事关重大。他常常跟友友讲:"你要注意最微小的细节,要专心专心再专心。"

"友友过目不忘,看一看就记住了。"雅文在想,"他如果选择去做其他艺术家而不是音乐家的话,一定会很出色,因为他留意每一个细节。"

从一开始,直至成名之后,友友都会问父母对他演出的意见。父母亲老老实实地跟他讲,他也一直相信和尊重他们的判断。他永远不会忘记他们给他的忠告,就是要听大提琴的音调、音色和音质,就好像过去妈妈给他唱歌,他倾听她的声音一样。演奏时,友友闭上双目,头往后仰,一头的黑发加强了他恰到好处的身体动作。他和作曲家、乐曲合而为一。作曲家的作品不单可以从友

我的儿子马友友

友友成名之后，仍然想听听父亲对他演出的意见

友抒情流畅的演奏中听出来，也能从大提琴的"声音"里听出来。

　　加拉米安音乐夏令营的狂野经历过去后，友友认识到除了音乐以外，还需要多充实人生。他选择在哥伦比亚大学注册入学，方便回家，同时继续跟罗斯先生学大提琴。在哥大读了一个学期以后，他对读书失去兴趣，没有让父母亲知道就退了学，回到茱莉亚音乐学院做全日制学生。

30. 显赫的"链环"

现在友友差不多十七岁了,他发觉自己站在十字路口。他应该全心全意投身音乐,还是去扩展自己的学术知识?他两样都要,方法是在哈佛大学念书——但即便是对于友友这样有本事的人来说,这也不是件简单的事。友友过去所反抗的传统,对他的决定有很大的影响。除此以外,他天生好奇,渴望追求知识。

哈佛给友友打开了一扇大门。现在,他有机会自由自在地找寻音乐以外的生命意义。在哈佛,友友学习到,以知性的态度处理音乐的同时,保持靠灵感和直觉演绎音乐的自然感亦同样重要。

友友现在已经是乐坛的超级巨星了。不过,成就得来不易,是靠持续地艰苦练习换来的。他拉起琴来毫不费力,音符想也不用想。毫无疑问,小时候父亲一定要他学好巴赫练习曲,对他掌握技巧帮助很大。

友友一九七八年获选为声望崇高的埃弗里·费希尔奖唯一的获奖人,后来又获得哈佛大学、耶鲁大学及其他大学颁发的荣誉学位,又以客席演奏家身份参与第一流乐团的演出,包括美国的纽约爱乐乐团、芝加哥交响乐团、波士顿交响乐团、费城交响乐团、洛杉矶爱乐乐团及林肯中心室乐协会,海外的则有英国室乐管弦乐团、柏林爱乐乐团、皇家爱乐交响乐团、法国国家管弦乐团、以色列爱乐乐团及维也纳爱乐乐团——足以证明友友在古典音乐界享有崇高地位。最重要的是，友友爱开玩笑的幽默感、活泼的个性、慷慨的性格和为世界各地听众"制造音乐"的热忱，令大家都很喜爱他。

30. 显赫的"链环"

ALICE TULLY HALL | LINCOLN CENTER

Juilliard Pre-College Orchestra

Saturday Afternoon, May 22, 1971, at 3:00

Isaiah Jackson, *Conductor*

MOZART　Overture to "The Magic Flute"

HAYDN　Symphony No. 99 in E-flat major
　　　　Adagio; Vivace assai
　　　　Adagio
　　　　Menuetto: Allegretto
　　　　Finale: Vivace

INTERMISSION

SAINT-SAËNS　Concerto No. 1 in A minor for Cello and Orchestra, Opus 33
　　　　Allegro non troppo
　　　　Allegretto con moto
　　　　Allegro non troppo; Un peu moins vite

YO-YO MA, *Cello*

RAVEL　"Mother Goose" Suite
　　　　"The Pavane of the Sleeping Beauty"
　　　　"Hop-o' My Thumb"
　　　　"Laideronnette, Empress of the Pagodas"
　　　　"Conversation of Beauty and the Beast"
　　　　"The Fairy Garden"

This program is made possible with the support of
The New York State Council on the Arts.

The taking of photographs and the use of recording equipment are not allowed in this auditorium. Members of the audience who must leave the auditorium before the end of the concert are earnestly requested to do so between numbers, not during the performance.

友友为茱莉亚音乐学院预科学校乐团演奏（场刊蒙茱莉亚音乐学院提供）

我的儿子马友友

ISAIAH JACKSON was born in Richmond, Virginia, where he began piano study at the age of four and clarinet study at the age of nine. Following graduation from The Putney School in Vermont, where he did considerable work with the orchestra and chorus, he entered Harvard University and majored in Russian history and literature, receiving his Bachelor of Arts degree *cum laude* in 1966. However, Mr. Jackson continued his musical activities at Harvard and conducted full productions of such works as *Don Giovanni, Così fan tutte* and *The Beggar's Opera*. During his senior year at Harvard, he also held the post of Music Director of the Bach Society Orchestra. Mr. Jackson did his graduate work at Stanford University and was appointed Assistant Conductor of the Stanford Symphony Orchestra. He came to The Juilliard School in 1968 as a candidate for the Doctor of Musical Arts degree in the class of Jean Morel. During his first year in New York, Mr. Jackson founded The New Amsterdam Chamber Orchestra, which has performed throughout the New York Metropolitan area and Connecticut. In the spring of 1969 he was appointed Music Director of the Youth Symphony Orchestra of New York and conductor of the Juilliard Pre-College Orchestra. Last summer he accepted a conducting fellowship at the Berkshire Festival, summer home of the Boston Symphony Orchestra. This fall Mr. Jackson was named Assistant Conductor of the American Symphony Orchestra under Leopold Stokowski and Associate Conductor of the American Ballet Company.

YO-YO MA was born in Paris, France, in 1955 to a family with a long and distinguished tradition in music. He began studying the cello with his father, Dr. Hiao-Tsiun Ma, and Madame Michele Lepinte at the age of four and gave his first recital two years later at the Institute of Art and Archeology at the University of Paris, accompanied by his sister, four years his senior. He gave his second recital just before his sixth birthday at Nazareth College in Rochester, New York. Mr. Ma moved to New York with his family in 1962 and completed his elementary schooling at the Ecole Française and Trinity School. In 1964 he participated in a benefit concert for the Ecole Française in Carnegie Hall. In 1968 he entered the Professional Children's School, from which he will graduate this June. Mr. Ma has given many recitals in this country and in Europe. In 1968 he was soloist with the San Francisco Little Symphony performing the Saint-Saëns Cello Concerto No. 1, and was invited to return in 1970 to perform the work with the San Francisco Symphony, Seiji Ozawa conducting. In 1969, Sol Hurok Management added him to its list of artists. This season Mr. Ma was invited to give a recital at the United Nations. In March he performed Tchaikovsky's *Rococo Variations* with the Harvard-Radcliffe Orchestra and gave a recital at Radcliffe College later that month. On May 6, Mr. Ma made his official New York debut in Carnegie Recital Hall. Mr. Ma entered the Juilliard Pre-College Division in 1964 and has studied jointly with Leonard Rose and Channing Robbins since that time.

JUILLIARD PRE-COLLEGE ORCHESTRA PERSONNEL

VIOLIN
Amy Barlowe
Conrad Biel
Laurie Carney
Joseph Chen
Min-Yen Chien
Hanwon Choi
Young Sun Choi
Brian Dembow
Inez Hassman
William Hayden
Paul Kantor
Hae Kyoung Kim
Marjorie Kransberg
Ellen Mellow
David Pesetsky
Aida Philibosian
Jeffrey Puccio
Michael Rosenbloom
Carl Rosoff
Jonathan Schreiber
Susan Seymour
Do-Yeong Shin
Marc Silberger
Pamela Sixfin
Sharon Smith
Gunar Upelnieks
Helaina Zades

VIOLA
Marin Alsop
Edward Deitch
Lawrence Dutton
Mark Kaplan

B

Sandra Kurtis
Sung Ju Lee
Joel Pitchon
Gayle Schechtman
Adam Silk
Yang-Chun Yi

CELLO
Marianne Chen
Pierre Djokic
Steven Finnerty
Gary Fitzgerald
Mary Greenblatt
Bonnie Hartman
Ellen Levy
Yo-Yo Ma
Hilda Movsessian
Robert Osman
John Reed

DOUBLE BASS
Joseph Bongiorno
Judith Sugarman

FLUTE
Stephen Baum
Patricia Noordsij
Jan Reuter

OBOE
Lester Forest
Susan Gellert
Arnold Greenwich

CLARINET
Donald Lurye
Karen Rockwell

BASSOON
Bruce Adolphe
Ethan Bauch
Larry Turyn

HORN
Theodore Freed
Stephen Multer

TRUMPET
Anthony Gonzalez
Brian King

TROMBONE
Michael Gisser
Howard Prince

TUBA
Paul Coleman

PERCUSSION
Larry Balin
Scott Bleaken
David Fein
Martin Kluger

HARP
Carol Emanuel
Rachel Van Voorhees

跋

"拉洛博士,我想有关友友早年的事情,我说得已经相当多了。"我们快谈完的时候,雅文这样作结,"时间和距离把很多细节都变得模糊了。友友现在是个公众人物;他的艺术会由乐评人和他许许多多的乐迷来判断。至于他的私人生活,那就确确实实应该让它纯属私人好了。"

她抬头望一望时钟。

"过一会儿,是时候要喂丈夫吃东西了。你要杯茶吗?"

我点点头。

"我记得,你喜欢很淡的茶,中国人泡的那一种。"

她望向丈夫寝室。"他再也回不去奥梅松了。"她叹了口气,一滴眼泪偷偷地流了出来,遮蒙了她的眼睛。"他多么渴望有一天能回奥梅松。"然后,像找个理由安慰自己,她补充说,"起码他知道我在这里跟他在一起,我一生都跟他在一起。但有件事我得告诉你。有时候丈夫问我:'你真的要留在这里跟着我吗?我给你带来了很多麻烦。'"

"当然,我要留在这里照顾你,我还有什么其他地方应该去呢?"然后,一抹愁笑挂上她的唇角。"你知道吗,虽然他生病了,但我肯定他心境是平静的。而且他的幽默感还在呢。"

有一次,在医院里,有个护士问他:"马博士,你有几个孩子?"

"六个。"他答得很快,特别强调"六"这个数字。

雅文站在旁边,心想他是失忆了。

"孝骏,"她充满爱心地说,"你明明知道你没有六个孩子的。"

他眨了一下眼睛,点头承认这是事实。

"那好,告诉我他们的名字。"

"友乘。"他开始说。

"那第二个孩子呢?"

"友友。"

"第三个呢?"

雅文心想，他一定会中计的了。

"秉德。"

"第四个呢？"

"秉麟。"

"第五个呢？"

"秉丘。"

"第六个呢？"

"秉兰。"

他用中文把名字一个一个答出来。

雅文觉得很惊奇，对他说："哎呀，你在说些什么？

（从左到右）迈克尔·达达普，雅文抱着丹尼尔，马孝骏博士抱着劳拉，最右的是友乘

秉德和秉麟是友乘的孩子,而秉丘和秉兰是友友的孩子。你骗得了我吗?你好聪明,真的好聪明。你把孙子孙女也当作自己的孩子了。"

"拉洛博士,你看看,我丈夫还能在生活里开开玩笑。虽然我得承认,有时候他把事情弄得乱七八糟,也不认得人,他甚至不知道自己在哪里。"她悲伤得说不下去了。

她倒杯茉莉花茶给我,也倒了一杯给自己。

虽然丈夫带病在身,雅文的生活还算过得不错。她觉得自己很幸运。在重新品味过去的同时,她把焦点放在将来。

友乘把儿科和音乐生涯结合在一起。她除了养育两个孩子——丹尼尔和劳拉之外,也跟丈夫——古典吉他演奏家迈克尔·达达普举行独奏会和音乐会。马博士所创立的儿童管弦乐团,现在是由他们主持,搞得很好。

友友和哈佛大学的德文教授吉尔·霍纳结为夫妇,生活美满。现在,他在美国和海外有很多演奏会,和家人聚少离多。好在吉尔是位难得的贤妻良母,她体谅友友的情况,每年两口子都很渴望七月份快点到来。在七月份,友友不理世事,跟妻子和两个活泼可爱的子女尼古拉斯和埃米莉享受三十一天的平和与宁静。

马孝骏在病床上,对着挂在睡房墙上的一幅儿孙的照

跋

(从左到右)劳拉,迈克尔,友乘和丹尼尔

友友和吉尔(结婚前摄)

片沉思。他头脑还很清楚，也许在想哪一位孙子或孙女会是下一个"神童"。柔和的音乐，莫扎特和巴赫，从房门飘进来，为他的梦想提供了合适的背景音。①

我默默地聆听雅文临别时说的想法，完全了解她所说的"家庭之爱"的意思。接着，我想起了友友在佛罗里达州萨拉索托的范·维泽尔音乐厅举行音乐会时的情景。

在友友不知道的情况下，我和内子坐在听众里。我们和友友已经好几年没有见面了。友友在后台见到我们排队等着去祝贺他演出成功的时候，惊讶得很。他一见到我们，就努力绕过一排敬慕他的人士，以惯常自然而毫不做作的态度，带我们直接走到他的更衣室去。在那里，他介绍我们认识和他合作的著名钢琴家伊曼纽尔·阿克斯。

"我好像老早就跟他们认识了。"阿克斯先生对友友说，"你常常谈到他们。"

我跟内子不想逗留太久，不希望友友的敬慕者失去得到亲笔签名的机会，所以想找个借口离开。

"等等，等一下，"友友说，"我有些东西要给你们看。"

桌子上，放着他价值连城的斯特拉迪瓦里一七一二年所制造的大提琴，以前为杰奎琳·迪普雷所拥有。我们以

---

① 马孝骏博士于一九九一年十月二十八日在床上安详地去世。

为他会告诉我们关于这件珍稀乐器的事情，但出乎意料地，他打开琴匣，脸上流露出慈父的笑容，容光焕发，指着儿女尼古拉斯和埃米莉的照片说："我不能时常跟他们在一起，但我走到哪里，他们就跟我到哪里。"

（从左到右）友友和家人：尼古拉斯，吉尔，在爸爸怀里的埃米莉

我看着两张照片里年幼的面孔，另一个孩子的影子——他们父亲小时候的身影——掠过心间，禁不住回想起很久很久以前，在法文学校发生的一件事。确切的年份是一九六六年，友友当时是十一岁，犯了一些不严重的错误，我也记不起是违反了什么性质的校规，要到我的办

公室见我。当我向他"讲解"关于责任的问题时,看见他难为情得眼泪也涌出来了。"友友,"我记得我这样对他说,"我很了解你心里在想些什么,我自己也是不同文化的产物。不过你的情形不同,大家对你有很大的期望。你一生下来,就跟其他许多人不一样。你注定会在乐坛有一番作为,一定会很出名。你像是一位皇室成员,你的行为要对公众负责。你的生命不仅仅属于你本人,也属于全世界。这就是你一生下来就要接受的命运。我们从你的音乐里所得到的喜乐,要你付出很大的代价。"我准备向马太太告别的时候,把这个故事跟她说了一遍。她用充满哲理的眼光看着我,说:"时间可以伤害人,也可以治愈人。"① 对于这点,我借用诗人莉莲·埃弗茨的一行诗作个补充,说:"时间不只是钟表上的指针那么简单。"她点头同意,深信那把"有声音"的琴弓,还会继续唱下去。

---

① Lillian Everts. Journey to the Future. New York:Farrar, Straus and Cudahy, 1955.

跋

雅文讲述友友早年的故事，是希望其他年轻人读了这本书以后会受到激励。年轻人和爱护自己的人一起奋力向前，会发觉生命是艰苦的奋斗，而痛苦是成长过程的一部分。"年轻人应该记住，"雅文告诉我，"爱是令一家人团结在一起的持久力。有障碍物阻路，爱的桥就在那里，帮助我们解决问题。"

母与子（一九九四年）

译后语

陈善伟

将《我的儿子马友友》翻译为中文,前后花了大半年的时间。现在译文出版了,也想利用书中的译例来讨论一下翻译实践中所遇到的回译、换码、语域和词汇几方面的问题,以就正于专家。

回译问题

本书的内容既然是由马友友的母亲卢雅文女士口述、拉洛博士撰写,翻译的工作基本上是把用英文翻译的中文原文内容,重新用中文表达出来,这在翻译上来说是"回译"。但《我的儿子马友友》的所谓"原文"是口述而非笔录，所以回译方面有很大的困难。人名、成语、信件、歌词的还原，都不能依赖一般字典或参考书，必须直接与述者或作者联络，以完成翻译的任务。本书初稿完成后，取得出版社的同意，联系到雅文女士和拉洛博士，得以回译部分不能从英文原文找到的资料。

人名的回译就是个好例子。由于《我的儿子马友友》一书所提到的人名都不是用汉语拼音或威妥玛系统来拼写，人名的回译就非常困难。例如：

Grandma Chu Pou sat silently in her chair.

婆婆（朱普中）默不作声地坐在椅子上。

如果不是去信问雅文女士，绝不可能从英文文本中回译出"朱普中"这个名字。

还原成语亦是件难事，主要是因为成语的翻译可以用不同的方法去处理，由于方法很多，回译就不容易，译者只能尽力而为，从上下文和语境中去推敲原来的成语。《我的儿子马友友》书中提到一句中国老话，对于成语回译这个问题有一定的启发。

Involuntarily, an old Chinese saying crept across her mind: "Poor quality iron does not make good nails, and good men do not make good soldiers." During the Sino-Japanese War, however, the old saying was cleverly twisted to: "Good men make good soldiers," as a morale booster for the fighting men.

The adage had made a deep impression on Dr. Ma, and when he heard his two-year-old son singing a song about frogs, he called Marina aside and told her, "Our son is a little good for nothing. He's like the 'iron' in the Chinese adage; he doesn't have the right stuff to turn him into a 'good thing'."

这两段文字翻译的关键在于是否能够回译出那句中国老话来。经过多番推敲，决定把"poor quality iron does not make good nails"译为"好铁不打钉"，那后半句"good men do not make good soldiers"就译为"好男不当兵"。两段译文如下：

不知不觉间，一句中国老话悄悄地掠过心田："好铁不打钉，好男不当兵。"但在抗日战争期间，为了激励士气，这句话就被人巧妙地改为"好男好当兵"。

这句老话给马博士留下了深刻的印象。当他听到两岁大的儿子唱着一首青蛙之歌的时候，把雅文叫到一旁，告诉她说："我们的儿子是个不中用的小家伙。他就像中国谚语里的'铁'，不是适合变成'好东西'的材料。"

其次是信件的翻译。《我的儿子马友友》里面有一封

译后语

父亲写给女儿的信,作为译者,苦无原文,只能根据英文译文移译如下:

"My dearest daughter," he began, "I know how much you have looked forward to coming home; surely you know how much we've missed you. But I must tell you that conditions here, in Hong Kong, have reached a highly dangerous point, and I fear for the safety of us all.

"Your sister, who's gone to live in the southern part of the mainland, agrees with me that it would be best for you to join her there, where you'll be safe."

亲爱的女儿:

我知道你多么渴望回家,你肯定也知道我们多么想你。但我一定要告诉你,香港已经危如累卵,我时刻担心家人的安全。

你姐姐住在华南,也赞成你最好到她那里去住,安全一点。

照理中国人写信不一定用译文那种语气表达,体裁方面亦可能不同。思果先生在一篇文章中说道:"譬如我译狄更斯的作品,就应该问:假使狄更斯是中国人,这一句话他会怎么说?那一段文章他会怎么写?"现在的情况是更进一步,述者本来就是中国人,要思考的问题就直接是：这一封信她的父亲是怎么写的？但每个人的教育背景、语言习惯都不同，我认为他会这样写，实际上他可能另有写法，最适当的做法当然是寻找原文，然后抄入稿里，不必经过翻译的步骤。咨询马太太，回复谓："时代太远，家父函已遗失了，抱歉。"（一九九六年一月五日来函）原文找不到，那就无法用"寻原"的翻译方法来处理这封信了。

回译歌词困难亦大。书里有一首儿歌，照英文原文，可以翻译为：

I'm a frog

Always in the field

Jumping up and down

And I sing: Co-co-co-co-co.

我是一只青蛙

常常在田里

跳上又跳下

咯咯咯咯咯叫

这样的翻译只是意译，但歌词涉及押韵、原谱曲调及运用一种适合儿童的语言去表达的问题。最好的办法是能将原谱原曲搬到译文里，如此方能真正交待原来的神

译后语

韵。写信给马太太,很幸运,在她女儿马友乘女士的帮助下,不但寄来了歌词,还附上乐谱,令译者欢喜不已,三十多年前友友常常挂在嘴边的一首儿歌,竟然可以重现于世。

歌词有了,以下一段关于马友友的逸事就可以比较传神地译出来:

Of course Marina was surprised to hear her husband talk so negatively about their son; he had always praised Yo-Yo for his intelligence and predicted that someday he would be someone.

"What makes you say that?" she remembered asking.

"Well," he answered, "you know the song Yo-Yo keeps singing while he goes about leaping like a frog? The one that goes:

I'm a frog

Always in the field

Jumping up and down

And I sing: Co-co-co-co-co."

Marina remembered that song very well, and she nodded.

"He doesn't realize," her husband continued, "that he should stop singing when he comes to: 'Co-co-co-co-co'; instead he keeps repeating the last line as if he forgets when the song ends. Yo-Yo has such a poor memory," he said, punctuating his last words and shaking his head in disbelief.

雅文听到丈夫这样评论儿子，当然感到吃惊。平日里，他总是称赞友友智慧非凡，将来肯定出人头地。

"你为什么这样讲呢？"雅文记得有一次她问丈夫。

他回答说："呀！你记得友友像青蛙一样到处跳来跳去地唱那首歌吗？它的歌词是：

我是一只大青蛙

常在田里叫咯咯

咯咯咯咯咯咯咯

咯咯咯咯咯咯咯

译后语

我是一只大青蛙
快乐快乐真快乐。"
雅文完全记得那首歌,所以点点头。

丈夫继续说:"他不知道到了'我是一只大青蛙,快乐快乐真快乐'的时候,应该停下来不再唱下去。他一直重唱最后一句'我是一只大青蛙,快乐快乐真快乐','我是一只大青蛙,快乐快乐真快乐',好像忘了什么时候该唱完那首歌。友友的记性真是坏透了。"他特别强调最后那句话,摇摇头表示难以相信。

以上一段译文与原文比对,肯定给读者一种不忠实的感觉。但我们如果以(英文)原文所依据的(口述)原文来衡量翻译的标准,那以上看起来不够忠实的译文其实是最好的译文,因为它是根据最原始的材料来完成翻译工作的,这多少为我们关于翻译标准的问题增添了另一个角度去讨论。

换码问题

正如不少生活在双重文化或多重文化中的人一样,友友说话的时候也有换码的习惯。不只友友如此,孝骏博士、雅文女士、拉洛博士都喜欢在习惯语里加插其他的语言，特别是法文。友友换码的习惯和他的成长环境有很大的关系。他生于法国，成长于美国，家里则使用中文，很自然有时会在感叹、惊讶，或需要婉转表达的时候夹杂另外一种语言。有些学者认为换码可以用注释处理，在译文中保留原文，把意思译在注释中。有些学者则持相反的意见，认为应该在译文中把意思交待出来，在注释中保留原文。在《我的儿子马友友》里，原文有换码的地方，为求行文流畅，都按其意思译了出来，但把换码语言放在括号里，并不采用注释的方法。如果换码语言已经在使用语言里解释了，那就保持换码原文，不必翻译，因为正文已经解释清楚了。下面就是一个例子：

Yeou-Cheng, accepting his observation with curiosity, persisted, "How much off tone was I?" To which he quickly replied in French, "Une petite virgule—just a little comma."

友乘满心好奇地接受了友友的意见，但追问下去："我走音很多吗？"友友以法语很快地答道："Une petite virgule.（不过是一个音撇。）"

译后语

语域问题

语域（register）可以分为两大类：正式语域（formal register）和非正式语域（informal register）。《我的儿子马友友》全书大部分是以口语体（colloquial speech）写成，内容叙事居多，对话亦不少。这种文体属于非正式语域，但其中亦用了些比较特别的修辞手法来达到某种文学效果。

Saying "good-bye" to loved ones is never pleasant; it leaves a void as if a piece of the heart is being torn away. Being with her, talking over the things they had done together as children, remembering the quietness of the seashore they could see from their home in Hong Kong and the closeness of family renewed Marina's spirit. But the clock had counted the hours and the calendar had numbered the days. One last embrace, one more renewed promise to write to each other more often, and one more expressed good wish for the future. Another "good-bye" at the airport, and the Mas boarded the plane bound for New York for their eventual return trip to France.

跟亲人道别永远不会是件愉快的事情，就好像心被挖走了一块，留下一片空虚。雅文跟姐姐在一起的时候，共叙童年往事，回想在香港居所看到的宁静海岸，一家人共享天伦，精神便为之焕发。但钟计时，历计日，最后的一次拥抱，一个多写点信给对方的新承诺，一个愿对方将来更好的祝福，又一次在机场说完"再见"之后，马家上了去纽约的飞机，最后回到法国。

全书用正式语域较多的是第七章《战火的岁月》，其中不少地方涉及历史事件，要以历史的笔触来翻译。

至于其余的篇章，主要是叙事和对话。翻译对话，一定要根据人物的年龄、教育背景、双方关系来模拟其口吻。下面的一段译文可以说明这一点：

Yeou-Cheng lost no time in jumping on her lap and giving her a big hug. She loved Grandma so much. Then the usual ritual began, with Grandma putting a severe look on her face.

"Has my little girl been good?"

"Oh, yes, Grandma. I've been very good. Ask Mommy."

"No need of that, child. I believe you."

Then she dug into her pocket and pulled out a tangerine.

"See what I've brought you? Fresh fruit is the best thing for you."

Yeou-Cheng thanked her with a kiss and headed for the kitchen to feast on the tangerine, which Grandma had peeled for her.

小友乘迫不及待地跳到嬷嬷膝上，抱紧了她。友乘很喜欢嬷嬷。如往常一样，嬷嬷开始装出一副严肃的面孔。

"我的小女孩乖不乖呀?"

"乖,很乖,嬷嬷,我一直都很乖。你可以问问妈妈。"

"不用问了,孩子,嬷嬷相信你。"

婆婆把手伸入口袋,取出一个橘子来。

"看嬷嬷给你带什么来了?新鲜水果对你最有益。"

友乘吻了嬷嬷一下谢谢她,然后跑进厨房去享受嬷嬷替她剥了皮的橘子。

词汇问题

词汇问题是翻译每一类文体都会遇见的困难。每一个行业、学科,都有其特有的语言,外行人要运用得当,是颇考功夫的事。翻译《我的儿子马友友》,当然会遇到一些音乐词汇方面的困难,以下一段译文可见一斑:

In pleasing his own ear, Yo-Yo has also succeeded in pleasing the ear of his listeners, who, as Marina expressed in her own simple way, interact with him, "The audience is one with him; when he breathes, the audience also breathes; when he stops, the audience also stops. As Yo-Yo becomes absorbed in his music, so does the audience. It isn't how far the audience takes him, but how far he takes the audience with his playing. It is that special, magic moment when artist and audience are fused into one. Ever since childhood, Yo-Yo has had this power to attract people and move them. He is happy when others share his feelings for music and he revels in that moment of ecstasy when the audience forgets itself and is transported by the sheer beauty of sound. For Yo-Yo has that consummate gift to penetrate the mind and the heart of the composer and transmit that feeling to the audience, who is in total harmony with him."

友友拉琴悦一己之耳，也成功地悦了听众之耳。用雅文直截了当的话来说，听众和他互相交流。"听众和他打成一片；他呼吸，听众也呼吸；他停下来，听众也停下来。友友沉醉在音乐中，听众也沉醉在音乐中。问题不在于听众沉醉的程度，而在于他的演奏令听众沉醉的程度。这就是艺术家和听众打成一片，那个特殊而迷人的时刻。打从童年开始，友友已经有吸引别人和感动别人的力量。当人家分享他的音乐感受时，他就很愉快。听众忘我，在美乐中心荡神怡之际，他就欢喜若狂。因为友友拥有绝顶天赋，能够深入作曲家的思想和心灵，然后把感受传送给与他完全融合一致的听众。"

结语

翻译《我的儿子马友友》诚非易事，因为马友友今年[①]不过才四十岁，但早已成为享誉乐坛的大提琴名家。由于他在乐坛的地位，知道他的人一定很多，认识他家人的也不会少，而书里提到的人和事，可能对跟他认识的人来说还历历在目，译者如果不事事求证，只是搬字过纸，很容易犯不必要的错误。所以翻译的时候，除了文字层面的忠实以外，还有另一层忠实要面对，就是对原述人的忠实。蒙中大出版社的帮忙，得以联络上马卢雅文女士和撰写者拉洛博士，他们提供了不少直接有用的材料，令翻译质量有所保证。而本文所提到的翻译传记式文体的问题，对于其他译者多少有点参考的作用。

[①] 本书翻译于1995年。——编注

附录一
乐评人的话

"友友的演奏精确无比,无论是记忆力还是演绎能力都令人难以置信。"

——罗斯·艾丽斯修女,拿撒勒学院音乐系教授,《新闻搜集者》

"'神童'马友友是个年仅七岁的大提琴家,由他十一岁的姐姐钢琴伴奏。他的演奏令聚集在国民警卫队训练中心、出席为筹款建立国家文化中心而举行的特别慈善演奏会的听众群情激动。"

——《明星晚报》

（一九六二年十一月三十日）

"我要代表国家文化中心向你们衷心致谢，感谢你们在电视节目《美国艺坛大展》里的表演。美国各地有许多人告诉我，他们非常欣赏你们迷人的演奏……"

——罗杰·L.史蒂文给友友和友乘的一封信

"泰然自若，胸有成竹——马友友是指挥家九岁大的儿子、大提琴家，他和十三岁的姐姐友乘合奏了萨马蒂尼的《G大调大提琴奏鸣曲》。这本来不是儿童拉的乐曲，不过他们的演奏不像儿童。他们的演奏泰然自若，胸有成竹，充满细腻的音乐感。"

——《纽约时报》

（一九六四年十二月十八日，卡内基音乐厅演奏后）

"这场为哥伦比亚广播公司的节目《通路》录制的演奏，会在八月二十四日星期六下午四时，在第二台以彩色回放。这是我们的音乐系列中最好的一个节目，有幸再一次把它播放出来。"

——比尔·布赖恩，监制兼导演

（一九六八年八月十二日）

"马友友是帕布罗·卡萨尔斯的弟子，完全有资格成为大提琴大师。他值得赞赏，不只是因为他有完美无瑕的琴技，包括完美抑扬的音调，也因为他有一份成熟的音乐感，确实令人吃惊。"

——阿瑟·布卢姆菲尔德，《旧金山观察家报》

（一九六八年十月二十八日）

"在表演剧院举行的旧金山艺术委员会首次小型交响乐团音乐会，由保罗·弗里曼担任指挥。年轻的马友友在音乐会上挥洒自如，风格之优美一般要在年纪比他大一倍的一流大提琴家的表演中才可以见到。"

——罗伯特·康曼戴，《旧金山纪事报》

（一九六八年十月二十九日）

"在马友友演奏《D大调大提琴与管弦乐团协奏曲》的时候，我们重视作曲家（爱德华·拉罗），也重视演绎者。

附录一　乐评人的话

这位年轻的华裔大提琴家马友友如诗人的敏感、超天才的迷人世界、自然的旋律演绎、娴熟的技巧、完美的指法、收放自如的运弓手法，简直可以跟前辈大师诸如帕布罗·卡萨尔斯、傅立叶、皮亚迪哥斯基、罗斯特罗波维奇和萨拉·纳尔索瓦等相媲美……他的琴艺的确是非同凡响。"

——雷泽斯·埃尔南德斯·洛佩斯，

委内瑞拉《国民报》

"假如这个孩子，友友，不成为当今世上一位伟大的大提琴家，那我对大提琴是一无所知了。"

——伦纳德·罗斯，《丹佛邮报》

"友友才十五岁，但已经是一个几乎在现实世界里面找不到的音乐'神童'。他的演奏是如此富有优雅气派，如此成熟，如此自然，如此灵巧地适应调子的变化和节奏的要求，令人怀疑自己是否戴错了眼镜，以为台上演奏的人是位成年的大提琴家，但其实他只是一个未经世面，结了个很小的白领结，穿了一套燕尾服的小家伙。"

——阿瑟·布卢姆菲尔德，《旧金山观察家报》

（一九七〇年三月五日）

"昨天下午,十七岁的马友友在歌剧院演奏安东尼·德沃夏克的《b小调大提琴协奏曲,作品104》,让西雅图的听众享受了一场难得的音乐会。这场演奏会的确令人非常兴奋。

"总的来说,这位认真的年轻人是位值得大家注意的大提琴家。他对大提琴的掌握,已臻化境,所以能够把德沃夏克华丽的乐章发挥得淋漓尽致。全场听众昨天下午为他的精彩表演起立鼓掌。他完全受之无愧,特别是他最后两个乐章的演奏。第一乐章充满戏剧性……但最后两个乐章……实在令人赞叹。"

——罗尔夫·施特龙伯格,《西雅图邮报》

(一九七二年十月二日)

"去年秋天,友友在卡内基音乐厅演奏,成为乐评人推崇备至的人物。他是位训练有素的'神童',四岁开始拉大提琴,现正崭露头角,以其独特风格,成为古典音乐界的超级巨星。"

——约翰·克里斯坦森,《路易斯维尔时报》

附录二

马友友简介：从出生到哈佛

1955年10月7日生于法国巴黎。

教　育

1962—1963	跟父亲学习。
1963—1965	就读于纽约市特伦特学校。
1965—1967	就读于纽约法文学校。在茱莉亚音乐学院预科学校修读课程。
1967—1968	就读于纽约圣三一高中。

1968—1970	就读于纽约曼哈顿儿童专业学校,十五岁毕业。参加加拉米安音乐夏令营。
1970—1971	就读于茱莉亚音乐学院。
1971—1972	就读于哥伦比亚大学(一个学期)及茱莉亚音乐学院。
1971—1974	参加佛蒙特州的马尔伯勒音乐节(夏天)。
1972—1976	就读于哈佛大学,获人类学学士学位。

演奏会选录

1959	四岁时,选择大提琴作为演奏乐器;开始跟父亲学琴,后来跟米歇尔·勒潘特女士学大提琴。
1961	6月19日,首次演奏会在巴黎大学的艺术与人类学研究所举行。演奏布雷瓦尔的《A大调小协奏曲》及巴赫无伴奏大提琴第二组曲之《序曲》,由友乘钢琴伴奏。六岁生日前,在纽约罗切斯特的拿撒勒学院举行第二次演奏会,友乘则演奏钢琴选

附录二　马友友简介：从出生到哈佛

	曲，包括巴赫、亨德尔、海顿、莫扎特和贝多芬的作品。友友亦演奏巴赫为大提琴而作的第三组曲。
1962	1月11日至12日，和友乘在科罗拉多州丹佛市由索尔·卡斯顿主办的学生交响乐演奏会中演奏。
	11月29日，和友乘一起经帕布罗·卡萨尔斯引荐，在于华盛顿国家兵工厂举行的、由闭路电视播放的《美国艺坛大展》特备慈善音乐会中演奏。
1962—1964	跟随雅诺什·肖尔茨习琴。
1964	2月17日，在纽约与由亨利·布洛克指挥的医生交响乐团一起演奏圣桑的《第一协奏曲》。
	11月29日，和友乘一起在约翰尼·卡森的节目中演奏。
	12月17日，在卡内基音乐厅为法文学校举行的慈善音乐会中演奏。
	就读于茱莉亚音乐学院，追随伦纳德·罗斯。
	12月2日，在罗斯的引荐下，在哥伦比亚

	广播公司《通路》节目中演奏。
1968	8月24日,哥伦比亚广播公司第二台以彩色回放《通路》节目。以独奏家身份与旧金山小交响乐团演奏圣桑的《第一大提琴协奏曲》。
1969	索尔·赫罗克成为友友的经纪人。
1970	成为旧金山交响乐团独奏家。9月11日,为联合国职员日之大提琴演奏会演奏。
1973	在马尔伯勒音乐节遇见伊曼纽尔·阿克斯,其后两人经常一起演出。
1978	获选为享誉乐坛的埃弗里·费希尔奖唯一得奖人。

中外名词对照表

两 画

儿童管弦乐团　　　　　　The Children's Orchestra

三 画

马秉兰（埃米莉）　　　　Emily Ma
马秉丘（尼古拉斯）　　　Nicholas Ma
马尔伯勒音乐节　　　　　Marlboro Festival
马卢雅文　　　　　　　　Marina Ya-Wen Ma
马孝骏　　　　　　　　　Hiao-Tsiun Ma
马友乘（玛丽-特雷莎）　Yeou-Cheng Ma（Marie-Thérèse）
马友友（欧内斯特）　　　Yo-Yo Ma（Ernest）

我的儿子马友友

四 画

巴赫	Bach
巴黎	Paris
巴黎大学音乐学院	University of Paris Conservatory of Music
贝多芬	Beethoven
贝克莱	Berkeley
比尔·布赖恩	Bill Bryan
丹尼尔·达达普（秉麟）	Daniel Dadap
《丹佛邮报》	*Denver Post*
卡内基音乐厅	Carnegie Hall
卡斯珀里堂音乐厅	Caspary Hall Auditorium
瓦尔加	Varga
以色列爱乐乐团	The Israel Philharmonic
中美协会	Chinese-American Society
中央公园	Central Park

五 画

艾萨克·斯特恩	Isaac Stern
布达佩斯四重奏乐队	Budapest Quartet
布雷瓦尔	Bréval
布里尔利学校	Brearley School
布列塔尼	Bretagne
加拉加斯	Caracas

中外名词对照表

旧金山	San Francisco
《旧金山观察家报》	*San Francisco Examiners*
《旧金山纪事报》	*San Francisco Chronicle*
旧金山小交响乐团	San Francisco Little Symphony
皮亚迪哥斯基	Piatigorsky
圣三一高中	Trinity School
圣桑	Saint-Saëns

六　画

安东尼·德沃夏克	Antonin Dvorak
百老汇	Broadway
华盛顿文化中心	Washington's Cultural Center
《华盛顿邮报》	*The Washington Post*
《光辉一族》	*The Glorious Ones*
吉尔·霍纳	Jill Hornor
伦纳德·伯恩斯坦	Leonard Bernstein
伦纳德·罗斯	Leonard Rose
迈克尔·达达普	Michael Dadap
米歇尔·勒潘特	Michelle Lepinte
《西雅图邮报》	*Post Intelligencer*
亚历山大·施奈德	Alexander Schneider
伊曼纽尔·阿克斯	Emannuel Ax
伊万·加拉米安	Ivan Galamian

我的儿子马友友

约翰·艾·拉洛	John A. Rallo
约翰·彼德·拉洛	John-Peter Rallo
约翰·克里斯坦森	John Christensen
约翰尼·卡森	Johnny Carson
约翰·扎比利斯基	John Zabriskies
芝加哥交响乐团	The Chicago Symphony Orchestra
《自然的策略》	*Nature's Gambit*

七 画

阿迪朗达克山脉	Adirondack Mountains
阿尔图罗·托斯卡尼尼	Arturo Toscanini
阿瑟·布卢姆菲尔德	Arthur Bloomfield
阿瑟·古米艾斯	Arthur Grumiaux
佛蒙特州	Vermont
佛罗里达州	Florida
亨德尔	Handel
亨利·布洛克	Henry Block
克里斯托夫·拉洛(克里斯)	Christopher Rallo(Chris)
劳拉·达达普(秉德)	Laura Dadap
李察·索恩	Richard Thorne
里弗赛德路	Riverside Drive
麦迪逊大街	Madison Avenue
纽约爱乐乐团	The New York Philharmonic

《纽约时报》	New York Times
时代广场	Times Square
医生交响乐团	The Doctor's Symphonic Orchestra

八　画

波士顿交响乐团	The Boston Symphony Orchestra
法国国家管弦乐团	Orchestre National de France
法国音乐学院	École Français
范·维尔音乐厅	Van Wezel Hall
《国民报》	El Nacional
杰奎琳·迪普雷	Jacqueline Du Pre
杰奎琳·肯尼迪	Jacqueline Kennedy
肯尼迪中心	Kennedy Center
拉德克利夫学院	Radcliffe College
林肯中心室乐协会	The Chamber Music Society of Lincoln Center
罗伯特·康曼戴	Robert Commanday
罗尔夫·施特龙伯格	Rolf Stromberg
罗杰·L.史蒂文	Roger L. Stevens
罗切斯特	Rochester
罗斯·艾丽斯修女	Sister Rose Alice
罗斯特罗波维奇	Rostropovich
《明星晚报》	The Evening Star

我的儿子马友友

帕布罗·卡萨尔斯	Pablo Casals
耶鲁大学	Yale University
英国室乐管弦乐团	The English Chamber Orchestra

九 画

保罗·巴泽莱	Paul Bazelaire
保罗·弗里曼	Paul Freeman
柏林爱乐乐团	The Berlin Philharmonic
费城交响乐团	The Philadelphia Symphony Orchestra
哈佛大学	Harvard University
哈罗德·舍恩伯格	Harold C. Schonberg
洛克菲勒大学	The Rockefeller University
洛杉矶爱乐乐团	The Los Angeles Philharmonic
美国全国广播公司交响乐团	NBC Symphony Orchestra
《美国艺坛大展》	*The American Pageant of the Arts*
神圣安息教会	Church of the Heavenly Rest
威廉·穆特茨	William Mootz

十 画

爱德华·拉罗	Edward Lalo
埃弗里·费希尔	Avery Fisher Prize
哥伦比亚大学	Columbia University in the City of New York

哥伦比亚广播公司	CBS
海顿	Haydn
莉莲·埃弗茨	Lillian Everts
莫扎特	Mozart
拿撒勒学院	Nazareth College
索邦大学	Sorbonne University
索尔·赫罗克	Sol Hurok
索尔·卡斯顿	Saul Caston
特伦特学校	Trent School
《通路》	*Gateway*

十一画

康涅狄格州	Connecticut
曼哈顿	Manhattan
曼哈顿儿童专业学校	Professional Children's School Manhattan
梅多布鲁	Meadowbrook
萨拉·纳尔索瓦	Zara Nelsova
萨拉索托	Sarasoto
萨马蒂尼	Sammartini
维特洛特	Vatelot
维也纳爱乐乐团	The Vienna Philharmonic

我的儿子马友友

十二画

奥克·科尔纳	Hauch-Corne
奥梅松	Ormesson
奥斯卡·王尔德	Oscar Wilde
傅立叶	Fournier
舒伯特	Schubert
斯塔克	Starker
斯特拉迪瓦里	Stradivari
雅诺什·肖尔茨	János Scholz

十三画

雷泽斯·埃尔南德斯·洛佩斯	Rhazes Hernández Lopez
《路易斯维尔时报》	*Louisville Times*
塞萨尔·弗兰克学校	École César Franck
《新闻搜集者》	*The Gleaner*

十六画

霍华德	Howard Reich

十七画

戴维·亨利·费德曼	David Henry Feldman